# 为什么而出发

## 一位研究者对教育本质的沉思

齐健 著

江蘇鳳凰教育出版社
Phoenix Education Publishing, Ltd

**图书在版编目（CIP）数据**

为什么而出发：一位研究者对教育本质的沉思 / 齐健著. —南京：江苏凤凰教育出版社，2017.5

ISBN 978-7-5499-6564-9

Ⅰ.①为… Ⅱ.①齐… Ⅲ.①教学研究—文集 Ⅳ.①G420-53

中国版本图书馆 CIP 数据核字（2017）第 136472 号

| | |
|---|---|
| **书　　名** | 为什么而出发——一位研究者对教育本质的沉思 |
| **作　　者** | 齐　健 |
| **责任编辑** | 雷利军　沈倩倩 |
| **出版发行** | 江苏凤凰教育出版社（南京市湖南路 1 号 A 楼　邮编 210009） |
| **苏教网址** | http：//www.1088.com.cn |
| **照　　排** | 北京世纪鸿文制版技术有限公司 |
| **印　　刷** | 三河市九洲财鑫印刷有限公司 |
| **厂　　址** | 河北省三河市灵山大口 |
| **开　　本** | 787 毫米×1092 毫米　1/16 |
| **印　　张** | 18 |
| **字　　数** | 210 千字 |
| **版　　次** | 2017 年 7 月第 1 版　2017 年 7 月第 1 次印刷 |
| **书　　号** | ISBN 978-7-5499-6564-9 |
| **定　　价** | 35.00 元 |
| **网店地址** | http：//jsfhjycbs.tmall.com |
| **邮购电话** | 025-85406265，85400774　短信　02585420909 |
| E - mail | jsep@vip.163.com |
| **盗版举报** | 025-83658579 |

对文明的真正检验，不在于人口多寡，不在于城市规模，不在于庄稼产量，而在于这个国家造就了什么样的人。

——［美国］思想家　爱默生

我们已经走得太远，以至于忘记了为什么而出发。

——［黎巴嫩］诗人　纪伯伦

生命就是一切，生命就是上帝。

——［印度］文学家　泰戈尔

# 目录

我们正处在社会与教育转型发展的关键期，面对拜金主义趁机抬头和功利主义乘虚弥漫的现实，作为置身其中的教师，尤其需要思考：我们应当坚守什么、摒弃什么、追求什么？我们应当如何为人师？……





作为教师，最熟悉的自然应当是课堂，但最陌生的可能也同样是课堂。那么，课堂的本质是什么？它究竟应当关注什么，追求什么和发展什么呢？……

倘若我们对教育先辈们一代代传承至今的优秀教育传统失去了应有的了解和敬畏，则我们今天正在热热闹闹进行着的某些所谓教育教学“改革”行动，就很有可能会走弯路，甚至会演变成一场盲目的瞎折腾。

# 题1　问教

“教育”是一个令人心驰神往的美好词汇。然而，教育的本义究竟是什么？教育的根本价值和功能是什么？什么才是“真教育”？什么又是“伪教育”呢？……

# 教育的根柢何在

## 01

莫名地，忽然间我对这样一个老之又老的问题产生了浓厚的兴趣：“教育”，究竟是什么？

是啊，“教育”的确是一个令人心驰神往的美好词汇。然而，如果我们进一步深究：教育的本质究竟是什么？教育的根本价值和功能又是什么？对此，恐怕即便是身处教育界的许多人也往往是语焉不详的。

如果我们翻检一下教育理论研究类书籍便会看到，由于论者所处的角度不同，因而对于上述问题的看法历来也是众说纷纭，莫衷一是。不过，尽管各家表述不一，但在以下方面的认识上少有争议，即所谓“教育”，应当是一项着眼于未来的事业，是为未来培育人的事业。或者说，教育在本质上是以人的发展为目标的一种社会活动，是人类社会赖以生存和发展的重要基础。因而，教育具有基础性和未来性的特点。

关于这一点，波兰教育哲学家苏科多斯基曾指出：“着眼于未来的教育表达了这样一种信念：目前的现实不是唯一的现实，因而不能构成教育的唯一要求，着眼于未来的教育精神超越了目前的范围，以共创明天的现实为目标。”这实际上告诉我们，教育所体现的乃是对人类生活最高境界的一种不断地追求，是一种超越了实利主义的非功利性的价值追求。因而，许多学者都指出，教育不仅要关注人作为社会人的生存，更应赋予人求真、求善、求美以及对于人生意义与价值的感悟与追求，关注对人精神和情感的建构。不仅如此，他们还进一步强调，如果教育丧失了引导人去寻求人生存和发展的终极意义，忽视集真、善、美于一身的自由个性的全面生成之使命，人类也就失去了不断进步和无限光明的发展前景。（彭泽平、姚琳）

从这个角度出发，在我看来，教育的终极目的就在于促进人的智慧的生成，在于促进人的美好情感的生成，在于促进人的健全人格的生成；教育的价值也就在于促使人的整体素质能够获得不断的发展，并由此最终促使人的生命质量得到最大限度的提升。换言之，这正如著名学者鲁洁先生所指出的那样："教育的本意应当是：它赋予人以价值，并且不断地提高这种价值，使得受过教育的人的生命更具意义，更能为其他人、为社会所接纳、所需要、所尊重。"[①] 显然，促进作为生命个体的"人"的全面发展，理应就是教育的根本价值所在。所以，我们是否也就可以这样认为：能够对此有所作为的教育，才是有意义的真教育；反之，就可以看作无意义的教育，或者说就是"伪教育"。

——不是吗？

## 02

从教育思想史的角度来审视，我们可以更清楚地捕捉到关于教育的本质与价值问题的认识发展轨迹。众所周知，在中外教育史上，第一个明确提出教育价值问题的是英国著名教育理论家斯宾塞。他对教育价值问题的探究主要是围绕着"什么知识最有价值"这一命题展开的。在他看来，作为衡量教育的主要内容的知识价值的尺度，主要应在于看这种知识对人的

① 鲁洁著，《超越与创新》，人民教育出版社2001年版，第396页。

生活影响的大小。他认为，教育的使命就在于使每一个人都知道该如何才能过上一种“完满的生活”。换言之，“为我们完满的生活做准备，是教育应尽的职责”①。基于他当时所处的英国的社会发展需要和教育的现实情况，他最终得出了“科学知识最有价值”的结论。但是很明显，从超越斯宾塞当时所处的英国社会的特定状态来审视，他所得出的这一结论显然是有失偏颇的。

进入20世纪以后，在对这一问题的探讨方面，德国著名学者斯普兰格则从另一个角度提出了教育的“文化价值观”。在他看来，所谓“教育”，是有着两方面的意义的：一方面在于由外部摄取客观的文化价值来发展人的内部的人格价值，另一方面则在于由主观的内部来创造新的文化价值。而教育的目的就是促使人们通过摄取外部客观的文化价值来发展其人格价值，并通过发挥其内部的主观作用去创造新的文化价值。鉴于他所说的“外部客观的文化价值”具有可以陶冶人格、充实人格内容和促进人格发展的重要作用，因而他又将这种价值更通俗地表述为“陶冶价值”。我觉得，斯普兰格的这一论断是颇让人深省的，同时也是弥足珍贵的。因为，他把问题的触角直接指向了陶冶人格和促进人格发展这一根本性的方面。

如果我们对以上观点加以概括便不难看出，他们看问题的角度和深度尽管存在着这样或那样的差别，但有一点是基本相同的，“就是通过教育的进行，培养一定的人，满足人的需要。教育的价值，就是教育对人的意义”②。

那么，什么是“人”呢？从哲学的角度而言，“人”是有意

---

① ［英］斯宾塞著，胡毅译，《教育论》，人民教育出版社1979年版，第7～8页。

② 王汉澜、马平，《浅谈教育的价值》，载《华东师范大学学报（教育科学版）》1991年第1期。

识的社会存在；而从自然的角度来看，“人”就是一个个实实在在的生命本体。因此，如果说教育的价值就在于它对“人”的意义，那么这种意义实际上首先也就是指它对“生命”的意义。

不是吗？人世间最为宝贵的莫过于人的生命。正是基于这一点，我认定：**只有能够促进作为生命个体的“人”的全面发展的教育，才是“真教育”**。促进人的生命整体发展既应当是教育的起点，也应当是教育的归宿。一言以蔽之，**所谓“生命性”，也就是教育的根本属性**。

德国著名哲学家西美尔认为，生命是有超越生命的能力的。生命的过程就是一个不断超越生命本身，不断壮大、发展自身的过程。然而，究竟如何才能使得人的生命真正实现这种不断超越旧我，从而跨入生命的“无限性”之理想境界呢？于是，在这里，“教育”便成了达到这一理想境地的有力支撑和坚实桥梁。正如叶澜教授等人所指出的：我们的学校教育，实质上就是“直面人的生命、通过人的生命、为了人的生命质量的提高而进行的社会活动，是以人为本的社会中最体现生命关怀的一种事业”①。

由此观之，**教育的根本价值与核心功能，也就在于通过教育这一博大的“文化的熏陶”，使受教育者都能够深切体悟生命的价值与人生的意义，都能够使自己的生命质量在原有的基础上不断获得提升与超越！**

——我认为，这才是教育的真谛。

那么，现实中，我们所谓的“教育”，又有多少是真正体现了这个真谛呢？

这，确实值得我们扪心思量……



---

① 叶澜、郑金洲、卜玉华著，《教育理论与学校实践》，高等教育出版社2000年版，第136页。

# 办什么样的教育

## 01

教育是一项面向未来的事业。而我们所面对的未来社会，是一个既不同于牧歌式的农业时代，也不同于机械式的工业时代的全新的以信息化、数字化为特征的多姿多彩的现代化社会。这样的新时代必然会对人的素质提出诸多现代化的新要求，这也就给我们的教育带来了新的挑战和考验。我们的教育能否承载起时代所赋予的培养现代化人才的重任呢？

我们是否还记得，20 世纪 90 年代后期，在我国，“科教兴国”是一个空前响亮、令人热血沸腾的口号。在其召唤下，我们的教育界普遍沉浸在一种激情奔涌、摩拳擦掌、急欲“大干快上”一番的亢奋、冲动情绪之中。然而，是否只要是“教育”，就必然能够“兴国”呢？对此，老一辈教育家吕型伟先生冷静而一针见血地指出——

科教兴国，并不是什么样的教育都可以兴国。教育作为一种社会现象，必须与社会发展相适应；如果不能适应，落后于社会发展，就会对社会发展产生消极作用甚至破坏作用。所以，教育可以兴国，也可以亡国，关键在于办什么样的教育。①

在我看来，吕老的这番忠告不仅在当时是具有振聋发聩冲击力的警世之见，即便是在今天，其警示意义也丝毫未曾消减。

---

① 吕型伟，《什么样的教育才能兴国》，载《课程·教材·教法》1998 年第 11 期。

不是吗？以培养面向世界、面向未来、敢于担当、善于创新的现代化人才为己任的教育是一种教育，而那种只是为了“榨取”高升学率而不惜将学生完全训练成机械的“考试机器”的所谓“教育”也被很多人看作一种教育——甚至，还是所谓的“优质教育”！那么，我们究竟要办什么样的教育、选择什么样的教育，不是确实值得认真思考吗？

循着这个思路，我继而想：作为学校，其承载的教育的重要使命究竟该如何定位呢？对此，理论家们有着种种动人的说辞，而且每一种说法都是那么言之凿凿，那么“高大上”！然而，我对这些形形色色的“高深”说辞颇有点儿不以为然。不是吗？我们何必要把“教育”搞得如此复杂、玄奥？何必一定要把“教育”架到一个令人感到高不可攀的位置，似乎这才显得“奉若神明”呢？其实，说白了，**在学校教育所承载的重要使命中，最现实、最紧要的一项应当就是帮助和指导每一位学生都寻找到适合他们自己的人生发展道路！**

——难道不是吗？

在沂蒙山区，一位乡村中学校长曾向我讲述他的一个办学故事——

在这所地处沂蒙山区腹地的农村中学，每年总会有一大批升学无望的毕业生带着一种失败和无奈的心态回到农村。由于他们在校学习时只是死啃书本、纸上谈兵，并没有学到实实在在的一技之长，因而回家后便不得不跟随着他们的父辈重新学习那些最简单、最基本的生活知识和生产劳动技能。这样一来，许多农家孩子的父母看到的是送孩子接受学校教育并不能够带来他们心目中所期盼的现实“回报”，于是“教育”便在他们的眼里失去了光彩，一种新的“读书无用”的念头随之泛起，因而家长们便不再愿意继续送孩子去学校上学了。

面对这种状况，这位校长既着急又迷惘，他在想：为什么我们平日里那么尽心尽力，为了孩子们承受了那么多苦和累，老乡们却并不认同呢？那么，学校究竟是为什么而设立的呢？只是仅仅为了让孩子们都能升学深造吗？对于那些升学确实无望的学生，学校又该为他们做些什么？能不能帮助这些孩子也找到一条适合他们自己特点的人生发展之路呢？……痛定思痛，最终，他们立足农村实际，开拓了一条新的办学思路——尝试将普通教育与职业技能教育融合在一起，力争让每一个孩子都能学到一技之长，从而为他们毕业后都能走上发家致富的道路奠定基础。于是，他们采取分步实施的策略，先根据当地经济发展对人才的需求，选派美术教师外出学习刻瓷技艺，然后在校内为孩子们办起了第一个刻瓷特长班。在首期报名参加学习刻瓷技艺的学生中，大部分都是那些平时在文化课学习方面成绩不佳，甚至对升学基本上已经不抱希望的所谓学困生，其中既有因为跟不上教学节奏而曾逃学的，也有连课文句子都读不通顺的，还有只要一上课就睡觉的……

一个名叫云生的孩子，也是其中的一位。

云生是一名孤儿，从小由家境贫困的婶婶抚养长大。命运的遭际一度让他怨恨老天不公，叛逆、孤僻、逃课、自暴自弃等成了他的“标签”。至于文化课的学习，老师们基本上对他已经放弃了。然而，就是这样一个似乎已经是“朽木不可雕”的“野孩子”，自从接触到刻瓷技艺之后，对之产生了浓厚的学习兴趣。他就像换了一个人，不仅学得专注、痴迷、刻苦，而且悟性极高。他一刀一刀精心雕刻出来的奔马，一匹匹扬鬃奋蹄，惟妙惟肖；富贵牡丹则朵朵雍容华贵，仿佛能让人嗅得到扑鼻的花香……毕业后，他凭着在学校刻瓷特长班练就的这身技艺，被一所工艺陶瓷厂家相中，成了一名刻瓷技工。

就这样，这位一度连他的家人都认为已经不可救药的学困生，终于也找到了属于自己的一片天空！

当他把自己领到的第一个月的工资如数交给他的婶婶时，婶婶简直不敢相信这是真的。为此，她特意让云生陪自己来到学校，一定要给校长和老师下跪磕头。她是用沂蒙山区老乡的这种最原始、最传统的最高礼节，来表达她对学校发自内心的最真诚的感恩之情啊！

成年后的云生在回忆他的中学时代时倾吐了这样一番肺腑之言："我是一名从小就失去了父母的孤儿。在校期间，虽然学校免收我的学习费用，老师也非常关心我的学习、生活，但我对学习没有一点儿信心，对未来的生活也没有什么指望。可是，自从进入刻瓷特长班以后，我对刻瓷产生了浓厚的兴趣，我自己都不敢相信原来自己并不笨，雕刻出来的作品会是那么漂亮！可以说，要不是学校和老师引导我学习了刻瓷，也许我到现在还找不到自信，继续浑浑噩噩地混日子呢！……"



不只是一个云生，也不只是一项刻瓷技艺，这所默默无闻、普通得不能再普通的农村学校还因地制宜，想方设法地先后为那些农村孩子们开设了家电维修、服装裁剪、根雕艺术、大棚种植、花卉栽培等一系列散发着浓郁乡土气息的"接地气"的校本课程，深深地吸引了那些本来已经对学习失去了兴趣和信心的孩子们。这些原本连自己都感到一无是处，已经接近于"破罐子破摔"的所谓学困生，面对自己亲手维修好的第一件电器、裁剪出的第一件衣裳，以及嫁接、培植出的第一株幼芽和散发着淡淡清香的第一枝花朵时，他们第一次惊喜地发现：原来自己也能行，原来自己也有与众不同的长处，原来在这个世界上也有一片属于自己的发展天地！

如今，当年参加家电维修班学习的学生，毕业后有些已经回村开起了自己的维修部；参加服装裁剪班学习的学生，有不少毕业后被招聘进了省内一些服装加工企业；还有更多的毕业生，在自己的村里搞起了大棚蔬菜种植、花卉栽培等，成了村里小有名气的种植专业户、致富带头人……

老实说，我确实被这位校长所讲述的这个朴朴实实的办学故事深深地打动了。那一刻，我似乎也在突然之间有了一种豁然开朗、茅塞顿开的感觉——

是啊，究竟什么是教育？什么才是最好的教育？想一想这位朴实的乡村中学校长所讲述的这个办学故事，想一想故事里那些重新找回了自信、纷纷走上了属于自己的精彩人生道路的农村孩子们，答案不是尽在其中了吗？……

## 02

说到上面这个乡村中学的办学故事，我不禁联想起这些年在我们无数的校园里几乎都能看得到的一模一样的醒目标语——“办人民满意的教育”。是的，我知道，这个口号已然成为我们每一所学校所致力追求的最高办学愿景。然而，就在这个大家已经耳熟能详的“愿景”背后，对于所谓“人民满意”的内涵究竟该如何去理解？这对学校而言究竟意味着什么呢？……事实上，许多学校的办学者似乎只是随声附和、机械学舌，却很少能静下心来去仔细体悟其中所包含的丰富而深沉的意蕴。于是，对“人民满意”的理解便常常被想当然地窄化成了“高升学率”。换言之，在很多人眼里，一所学校只要拥有了高升学率，“人民”就会满意！可是，果真是这样吗？

一位县城高中的校长就曾向我吐露他内心的委屈与

苦闷——

前些年，他所在的这所县城高中出于管理混乱等原因，致使每年高考能升入大学的学生只有可怜的个位数，当地老百姓自然是怨声载道。后来，他受命来这所学校收拾“烂摊子”，经过几年的辛苦努力，终于使这所学校的升学人数相继达到了两位数、三位数！不能不说，这所学校升学率的突破性进展是有目共睹的，可是，老百姓似乎还是不太满意，他们觉得学校虽然变化很大，可是升学率与他们所希望的距离还是很大——因为还有很多学生没能考上大学！他们问：你们为什么不能让所有高三的毕业生都考上大学呢？

这位几乎精疲力竭的校长向我委屈地诉苦：“我和老师们现在每天都只睡四个多小时的觉，精神压力很大，身体也快撑不住了，可是不少学生的家长还是不满意。您说，我们到底该怎么办呢？”



望着这位憔悴而迷惘的校长，我既心痛，又同情。

我开导他说：“且不说对于您所在的这所办学基础比较薄弱的学校，要想一下子就让全体学生一个不落地都考上大学这个目标现实不现实，即便您实现了这个目标，我估计家长们也还是不会都满意！”

他一怔，不解地望着我。

我说：“道理很简单。对于学习底子薄的孩子，家长一开始可能希望孩子只要考上普通大学就可以了；可要真考上了，可能又会想，为什么孩子没能考上重点大学呢？即便您带着老师们把这些家长的孩子们都送进了重点大学，可能他们又会想，为什么孩子没能考上清华大学、北京大学呢？就算学生都进了清华大学、北京大学，那还有热门名牌专业和非热门一般专业之分呢！如此类推，一所学校如果仅仅是把所谓‘人民满意'完全捆绑在升学率上，那么我敢断言，这将是一个永远也不可能实现的梦想！……”

也许我的这番话的确有那么一点儿“蛮不讲理”的味道，可事实不就是这样吗？倘若我们只是以“高升学率”来简单对应“人民满意”的诉求，那么其结果便注定会是如此。

道理就是这么简单。可是，为什么如此简单、直白的道理，一些身处其中的教育者就是想不明白呢？难道真的是“当局者迷”吗？……

还记得那句在教育界已经被无数人说滥了、似乎也差不多快说厌了的“醒世名言”吗？“世上没有两片完全相同的树叶，同样也不会有两个完全相同的孩子。”可是，尽管许多学校的办学者时常把这句话挂在嘴上，也经常将这句话写在各种所谓的“经验”或“总结”里，但事实上，我们为什么在办学的实际过程中又往往把它抛诸脑后了呢？

是的，我们总想竭尽全力把原本各不相同的孩子都塑造成我们心目中所期待的同一个高规格的所谓“英才”，我们总是喜欢拿那个著名的“龟兔赛跑”的老故事，来苦口婆心地激励孩子拼尽全力成为升学跑道上的第一名，却从来不曾质疑这个故事本身是否真的合理。不是吗？试想，我们把原本各有各的特点和生活世界，压根儿就不具有可比性的“乌龟”和“兔子”硬生生地扯在一起，让它们去“赛跑”，这样的做法本身不就是不近情理的吗？可为什么当我们面对那些千姿百态、各不相同的孩子的时候，却总是不自觉地把他们当作同一个孩子来对待、来要求呢？

所以，我们真的是该改变一下那种单一的、急功近利的办学观念了，我们也真的是该冷静地想一想所谓“办人民满意的教育”中的“满意”二字究竟意味着什么了。

在这里，我可以清楚地表达这样一个观点：**教育的本义就在于要尽力去适应不同孩子的不同个性，并努力去发展这种属于每一个孩子的独一无二的生命个性**。我想，对于这一点，我们应该不会再有什么争议了吧？

所以，还是让我们都记住那个叫作阿尔伯特·爱因斯坦的犹太裔物理学天才早在大半个世纪之前即已谆谆告诫我们的那句至理名言吧——

每个人都是天才，但如果你用爬树能力来断定一条鱼有多少才干，它整个人生都会相信自己愚蠢不堪。

# 学生何以与世界连接

## 01



这些年，教育在不知不觉间便成了社会热议和指责的焦点，我曾为之愤愤不平——我们这些教育人的所作所为真的就该屡遭诟病吗？可是，令我们尴尬的事情总是不断地发生。记得有一年，北方某省一所小学曾制造了一个“按血型分班”的“创意”风波；此后不久，地处西南的某都市又传出了一条类似的消息：新学期开学第一天，该市一所中学的学生惊讶地发现，学校新出台的《安全须知》上居然有这样一条明文规定——“不准和陌生人说话”！

这条规定的出台确乎反映了时下这个社会里人与人之间信任感的严重滑坡，以及学校对学生人身安全问题的担忧，以及对某些家长不分青红皂白“校闹”的无奈，用意不可谓不“用心良苦”。校规制定者的这种担忧和“责任心”似乎是完全可以被理解的，可是细细琢磨，又总有些怪怪的感觉。

我们都知道，**教育的一项重要职责就是要把懵懵懂懂的“自然人”逐步引导、培育成合格的“社会人”**。而作为一个合格的“社会人”，至少必须拥有的一种基本素质就是，当面对社会各色人等和纷扰复杂的社会现象时，能够做到积极应对、善于沟通、敏锐判断、泰然处之、睿智化解等。可是，如此一条出于为学生安全考虑的“不准和陌生人说话”的校规，可能在某种程度上的确会降低天真纯洁的孩子们一不小心上当受骗的不安全概率，但也在无形之中阻断了他们了解社会、与人沟通的信心和愿望，遏制了其社会交往能力和辨别能力的发展，甚至可能还会使他们在潜意识里强化对社会的一种本能恐惧，造成对自己的极端不自信。若真的形成了如此自信心匮乏的扭曲人格，又怎么能够指望他们未来承担起建设社会的重任呢？我想，这种后果大概是我们任何人都不愿意看到的。

也许是职业的敏感性使然，我第一次到日本旅行的时候，给我印象最深的并不是京都的樱花或是东京的繁华，而是所到之处总能遇到的一队队、一群群身着校服，兴高采烈地进行户外远足、野营、参观等各种社会实践活动的小学生。尤其是当他们看到我们这些来自异国的观光客时，那种争先恐后地主动围过来热情问候、欢呼雀跃、无拘无束的热烈场景，至今仍历历在目！

日本的学校是在想方设法把孩子“放”出去，让他们尽可能地亲近社会、亲近自然，而我们呢？我们的学校却总是千方百计地把孩子“关”起来，将其牢牢地封闭在教室内，禁锢在书本中，似乎只有这样才能内心安然。可如此一来，也就使得我们的孩子与自身所处的社会和大自然之间的距离愈来愈远，愈来愈难以融入其中……

不是吗？这些年来，我不断地注意到，不少中小学在“学生安全第一”的堂而皇之的旗号之下，已经差不多将“社会实践活动”这个概念从自己的教育词典中删除掉了！即便偶尔开展的一两次所谓“走向社会、走进生活”的冠冕堂皇的“活动”，其实也只不过是为了应对某些“检查”或“造势”宣传的需要，而精心搞的一种颇具掩耳盗铃意味的“作秀”而已！某些美其名曰“封闭式管理”的学校每两三周才“开恩”允许学生走出去“放风”一次的校门上那些冰冷的大铁锁，经常晃动在我们的眼前。许多的孩子在我们这种牢笼式的“教育”之下，正在逐渐失去他们那个年龄不应失去的童真，而呈现出一种与年龄极不相称的“成熟”；许多的孩子在我们的“造就”之下，正在逐渐丧失他们那个年龄不应丧失的对生机勃勃的大自然的好奇和挚爱，而呈现出一种令人心痛的麻木和冷漠。甚至有些学校里的孩子现在已经发展到面对老师布置的很老套的《记一次春游》之类的作文题，急得抓耳挠腮，冥思苦想，也写不出半个字，最终只好从网上搜索一些同题作文，将其胡乱拼凑在一起，交差了事……



教育，原本是要帮助孩子们建立与外部世界的连接的啊！一些学校却反其道而行之，甚至不惜采用出台校规的强制手段来试图切断孩子们与外部世界的连接通道，以确保学校太平无事、高枕无忧。这样的所谓“教育”，会是能够给人以信心和希望的教育吗？造成人们自信心丧失的封闭式教育，还是教育吗？

说到这儿，我忽然想起有媒体刊登的一位中学生针对学校和家长们诸如此类的“好心”行为而写的一封公开信。他在信中有这样一番发人深省的质问——

诚然，学校和家长们永远希望带给孩子最安全、最纯净无害的环境，此乃人之常情。而问题是，社会复杂，人心难测，现实的残酷性不会因为学校和家长们如此的“好心”隔离而有任何改变，而孩子总有一天要走出温室独自面对这一切，难道应该让孩子始终沉浸在王子与公主的美好童话中吗？不应该让孩子对真实的社会有所接触和认识吗？……①

这番话讲得是多么犀利，多么深刻啊！而作为学校，作为成年人，我们的心难道还不能从中受到某些触动，并尝试着对自己的观念和行为做出一些改变吗？

## 02

我特别欣赏这样一句话——“自由呼吸的教育”。我觉得，“自由呼吸的教育”实在是一种令人极其向往的美好的理想境界。冰心老人也曾给我们留下了这样一句诗的语言：**“让孩子像野花一样自然生长！”**我想，这与“自由呼吸的教育”之说在本质上应该具有相似或相同的内涵吧！在现实中，“自由呼吸的教育”究竟应体现在哪些方面呢？

一位教师曾以无比敬仰的口气，写下了一篇他到某所“高考成绩再续神话”的名校参观后的感想，其中连连感慨此行是一次“震撼之旅”。看完这位教师的介绍后，我的确也感到非常“震撼”！但震撼之后不是激动，而是悲哀。看看吧——

看资料得知，学校对自习、上课纪律都有严格的检查：自

① 高泽林，《我们不适合阅读“四大名著”吗》，载2016年10月17日《中国青年报》第10版。引用内容有改动。

习时不许抬头，上课不许向窗外张望……如若发现，扣个人及班级量化分；教室门口的小黑板上公布着：“某某学生学习时抬头一次，被扣1分……”

无独有偶。据多家媒体披露，某地有一所创造了连续十几年“高考神话”的名校，其“神话”背后对学生极为严苛的种种管理规定，让我不能不感到更为“震撼”！据毕业于该校的一些学生描述：该校学生每天的作息时间安排，是精确到按每一分钟来计算的！比如，早上5:30起床铃响后，学生必须马上起床、穿衣服、叠被子……从宿舍跑到操场集合跑步，并且在集体跑步前的间隙还要进行所谓“操前读”。而这一切都必须在8分钟之内完成，不然就会被全校通报批评！由于从宿舍跑到操场就需要3分钟，这样，为了能在规定时间内到达操场，基本所有学生睡觉时都不脱衣服，以便早上一睁眼就能下床；有些动作慢的学生生怕起床后叠被子耽误时间，甚至干脆晚上睡觉都不打开被子。至于起床后的洗脸、刷牙……这对他们来说简直成了一种奢侈！



至于吃饭的时间，则规定从打铃开始计时，学生在10分钟内必须从餐厅回到教室进入学习状态，早中晚饭皆如此。因此，对学生来说，饭菜质量如何早已不再重要，重要的是吃什么最省事儿，速度可以最快！因此，该校便出现了一种独特的现象——“跑饭”！即每当下课铃响，学生便拿着勺子一窝蜂地冲出教室，以最快的速度跑向食堂，三下五除二胡乱填饱肚子，便又急急忙忙跑回教室……

这所学校每天的学生违纪通报批评更是名目繁多且无比详尽，如上自习课时，发呆算违纪，上厕所算违纪，抬头算违纪……总之，只要学生没有拿着笔低头做各种模拟训练试卷，就都算违纪！

另外，这所学校每天播放给学生看的新闻，并不是电视上直接播放的新闻节目，而是学校的教师每天在浏览了全天的新闻后，精心挑选出他们认为对学生应试“有价值”的内容，将其剪辑成的“洁本新闻”。他们的理由是，这样一来就能够保证学生不至于浪费时间去看那些对考试无用的内容了……

这种全方位的“精细”操控，真是达到了匪夷所思的“极致”地步啊！

我实在不敢想象，这就是令许多人趋之若鹜的所谓“名校”！我更不敢想象，在如此严苛管制下的学生能够“自由呼吸”！当然，我相信，他们可能会因此获得高考的“神话”成绩，但他们会为此而失去什么，失去了多少呢？我挺纳闷，为什么这样一所学校居然还得到了某些有一定知名度的教育者的赞美？为什么我们中的很多人也跟着盲目追风，而缺乏对这些实际上已经远远背离了教育旨在促进“人的解放”之本意的种种行为的质疑、追问、洞察与反思呢？

那么，究竟什么样的教育才是所谓“自由呼吸的教育”？坦率地讲，作为教育界的一介平庸书生，我到现在也给不出一个令我自己首先能够认可的答案。但是我想，“自由呼吸的教育”至少不能是令人不寒而栗的教育吧？至少不能是令学生“只要学不死，就往死里学”，或者“只要还有一口气——能进考场就行”的教育吧？至少不能是根本无视学生的身心健康，而驱使他们“起得比鸡早，睡得比狗晚，吃得比猪差，用劲比牛大”的教育吧？……

啊，“自由呼吸的教育”——这是一个多么美妙、多么令人憧憬的教育“乌托邦”啊！但，究竟什么时候我才能够真切地看到、体验到呢？……

我期待着。

# 靠什么推动教育进步

## 01

曾经有这样一句“名言”风靡一时：教育改革改到深处是制度。在我看来，这话虽不无道理，但事实上也并不尽然。试问：对于基于生命发展的教育改革而言，“制度”果真是万能良药吗？我们知道，就学校而言，从事教育改革的主力是广大教师，可如果一位教师的内心并无参与教育改革的真挚愿望（或者说“内驱力”），即使他在所谓外在制度的刚性要求之下参与了，也只不过是勉勉强强的无奈之举，结果只能导致其“身在曹营心在汉”，敷衍应付而已，你根本不必奢望这样的改革能够取得什么样的实质性成效。俗话说，“强扭的瓜不甜”。我想，此话也完全可以用在这儿。



教育，实质上是一种用生命（教育工作者）点燃生命（学生）的崇高事业。因此，对教育工作者而言，**教育改革改到深处恐怕就不仅仅是“制度”的问题了，更重要的应当是我们每一个人的“内心”，是内心的一种忧患意识与责任境界，是对新的“教育文化”的一种主动认同**。所以，我们必须要经常问一问自己：在我的内心深处，我更多地真正考虑的究竟是眼前的“功利”，还是学生长远的未来？

## 02

17 世纪，法国思想家帕斯卡尔在他的名作《思想录》中曾给我们留下了这样的经典名言："思想形成人的伟大。人只不过是一根苇草，是自然界最脆弱的东西；但他是一根能思想的苇草。……我们的全部的尊严就在于思想。"[①] 循着这个思路，我们再来看看教师究竟该怎样扮演好自己的角色。

在我看来，从某种意义上来说，既然教师承载着传递人类文明火炬的重任，那么，他也就自然而然地具有了扮演人类优秀文化的"传播者"乃至"创造者"的义务。这里，我们姑且从低处来讨论：在我看来，即便仅仅是从一个思想文化的传播者角色着眼，作为教师也理应是一个自觉的"思想者"——善于思索，主动思索。**很难想象，一位懒于动脑，思想苍白，只会鹦鹉学舌，"照葫芦画瓢"的教师，能够让人类优秀思想文化的火炬愈燃愈亮，并将其完满地传递给他的学生！**当然，我的意思并不是说，教师必须个个都成为康德式的思想家，但建议教师尝试着学习做一个勤于动脑、积极思考问题而不会轻易盲从的"思想者"，应该不算过分吧？

其实，从另外一个角度来看，帕斯卡尔的话里倒是有一点是应当值得我们格外注意的，即他谈到了人的"尊严"问题。我相信，作为一名知识分子，每个人的内心最在意的，恐怕就是做人的"尊严"了。但"尊严"是什么？帕斯卡尔给出的回答干脆明了——"思想"。而且，他还强调，"人的全部的尊严就在于思想"[②]。对于这句话，我想是不是也可以反过来领会，那就是，**一个人如果放弃了"思想"，实际上也就等于放弃了自己的"尊严"**。就此，我觉得还可以再追加一句：一个人如果失去了尊严，那么他也就无异于一具行尸走肉。这样

① ［法］帕斯卡尔著，何兆武译，《思想录》，天津人民出版社2014年版，第174页。

② ［法］帕斯卡尔著，何兆武译，《思想录》，天津人民出版社2014年版，第181页。

的话，他的生命还有什么意义可言呢?

不仅如此，帕斯卡尔在《思想录》中还特意加重语气，说了这样一段令人印象深刻的话："我很能想象一个人没有手、没有脚、没有头（因为只是经验才教导我们说，头比脚更为必要）。然而，我不能想象人没有思想：那就成了一块顽石或者一头畜牲了。"[①] 此话听上去有些逆耳，但又的确让人无法辩驳。那么，作为教师，从根本上来说，我们究竟是靠什么来教书呢?是嘴?是手?是脚?是多媒体?还是靠我们永不停滞的思想呢?

所以，为人师者，是不是该考虑学着做一个思想者，或者说做一个有思想的人呢?——即使不为别的，仅仅就冲着自己还想保留一点点作为知识分子的做人的尊严……

## 03



19 世纪法国最伟大的军事家拿破仑·波拿巴给我们留下了这样一句名言："不想当将军的士兵不是好士兵。"于是，有人便时常搬出这句话来套用到教师身上，说：不想当教育家的教师不是好教师。问题是，何谓教育家?何谓真正的教育家呢?

看看我们的当下吧：前些年，我们还在为我们这么大的一个国家居然几乎找不到或者也几乎没人敢自诩为"教育家"的稀缺状况而着急；可这些年，我们已经"大干快上"、急起直追式地批量造就了一批批所谓的"教育家"。瞧瞧吧，如今，各色"教育家"如过江之鲫，几乎繁荣到走在街上稍不留神撞到一个行人，抬头一看便是某某"教育家"的程度了。然而，我一直有些疑惑：拥有了如此之多的"教育家"，为什

① ［法］帕斯卡尔著，何兆武译，《思想录》，天津人民出版社 2014 年版，第 172 页。

么我们的教育面貌却依然没有多大起色？依然大多还是单单在依赖着那套“领导靠上，老师拼上，学生豁上”的要死要活的把戏呢？这不是莫大的讽刺吗？

悲乎。

如此看来，我们有必要弄清楚：“教育家”的分量究竟有多重？究竟什么样的人才能真正配得上“教育家”这个称呼呢？……

弱弱地问一句：当下的某些“教育家”们，对此——您自己想过吗？有数吗？

## 04

时下，一谈起教育或教育改革，有些人总有一种“语不惊人死不休”的心态。我曾看到一本描写某校教学改革的图书，那书名便起得颇为抢眼——《×××旋风》。随手翻了一下，虽然我对该书所描写的那所学校的教学改革探索有着诸多认同之处且并不乏研究的兴趣，但对该书将其冠名为“旋风”有些不以为然。

什么是“旋风”？汉语辞书上的解释为：“旋风”者，螺旋状运动之风也。显然，按此解释，所谓“旋风”，与当年横扫美国路易斯安那州新奥尔良市等地并造成了巨大灾难的那场著名的“卡特里娜”飓风[①]当属同类！——都是些并不怎么令

① 2005 年 8 月 24 日，飓风“卡特里娜”在美国佛罗里达州登陆。随后数小时，该风暴进入了墨西哥湾，并在 8 月 28 日迅速增强为 5 级飓风。8 月 29 日，“卡特里娜”在密西西比河口登陆时为极大的 3 级飓风。风暴潮对路易斯安那州、密西西比州及亚拉巴马州造成了灾难性破坏。其中，用来分隔庞恰特雷恩湖和路易斯安那州新奥尔良市的防洪堤因风暴潮而决堤，致使该市八成地方遭洪水淹没。“卡特里娜”飓风致使约 2000 人丧生，并造成了近千亿美元的经济损失，成为美国历史上破坏性最大的飓风。

人向往、常常会使人晕头转向的“异数”。作为理应不断向人吹拂舒缓的生命气息和传递人性温暖的教育而言，某些人动辄以“旋风”“风暴”或“颠覆性革命”等种种耸人听闻的字眼称之，我以为，这实在是一件看上去似乎无所谓，但深究起来既不严肃又很可怕的事情。

我们不妨回过头来瞧瞧：这些年，中国的教育界就一直在不断地“刮风”——一会儿刮“东风”，一会儿刮“西风”，一会儿刮“南风”，一会儿又刮“北风”，这本来就让身处其中的我们难以捉摸，疲于奔命，而今，有人似乎还嫌不过瘾，于是干脆又搬来了专门打圈圈儿的“旋风”。“旋风”固然有冲劲，也有一定的能量，可以荡涤陈腐、摧枯拉朽，但是也不要忘了，稍不留神，它同样也足以毁掉那些本不应该毁掉的东西！更要命的是，处在“旋风”之中的人，往往会被“刮”得难以把持住自我，而头晕目眩，莫辨东西，失去方向，乱了分寸——一旦教育者失去了对教育教学的正确发展方向的把握，只会人云亦云、随声附和，那么，不管我们本是多么用心良苦，其结局恐怕十有八九也会难逃适得其反的暗淡命运！

所以，我以为，对待教育也罢，对待教育改革也罢，态度还是严谨一些好，不需要刮什么“旋风”——我们需要的是充盈的激情，但同时更须臾不能失去理性！

黎巴嫩诗人纪伯伦在他的名作《先知》中曾这样告诫我们——

你们的理性和你们的激情是你们远航之心的舵和帆。

无论是你们的舵还是帆折断了，你们只能颠簸飘摇，或停滞在海中央。

单纯的理性是一种受禁锢的力量，而无限制的激情是足以烧毁自身的火焰。

因此让你们的心灵将你们的理性提升到与你们的激情同等的高度，它才会高唱；

也让你们的理性指引你们的激情，那样你们的激情才会经历每日的复活，宛如凤凰从它的灰烬中再生。[①]

是啊，就教育改革而言，如果我们一旦失去了理性，便犹如野马脱缰，其后果如何，可想而知！所以，在我看来，**一位真正的教育改革者，必须是一个激情与理性兼具之人，舍弃任何一方都是不可取的。**

## 做教育需要站直的人

### 01

人似乎总有这样一种本能，即对所谓的"权威"往往顶礼膜拜，而且小孩子表现得好像愈发突出。我的一位年轻朋友就讲过这样一则耐人寻味的故事——

八岁的侄子很崇拜一个比他大的男孩——牛小宾（化名）。

有一次，他拿着一条小青蛇玩，我们告诫他不要玩蛇，那蛇有毒。他却毫不在乎地说："不怕，没毒。"

我们很惊奇地问："你怎么知道没毒？"

他说是牛小宾告诉他的。

我们很不以为然，牛小宾怎么会知道？

① ［黎巴嫩］纪伯伦著，王立译，《纪伯伦诗集》，北京出版社2006年版，第52页。

侄子坚信不疑地说："牛小宾都上五年级了，他什么不知道?"

崇拜就是这样盲目和可怕。

初听这则故事，有些忍俊不禁，稍一回味，则又笑不起来了。"八岁的侄子"只是因为他所崇拜的偶像——另一个比他大一点儿的孩子的一句话，就坚信不疑地认为小青蛇没有毒，而且理由竟然简单得出奇——"牛小宾都上五年级了，他什么不知道"。那口气是多么理直气壮啊!

可是，如果深究一下，"八岁的侄子"为什么根本不相信大人的告诫，而把一个比他年龄大不了多少的小学五年级学生说不定是从哪里道听途说，抑或干脆就是信口开河的话，独独奉为毋庸置疑的"真理"而坚信不疑呢?原因同样简单得出奇：只是因为那个大一点儿的男孩是"八岁的侄子"所崇拜的偶像!在"八岁的侄子"看来，质疑他所崇拜的偶像简直就是一种亵渎!所以，就难怪他会愤然反驳大人们的"不以为然"，气呼呼地喊出"他什么不知道"了。



这的确让人感慨万千。难怪我的这位朋友最后感慨了这么一句——"崇拜就是这样盲目和可怕"。

其实，这种"盲目和可怕"的崇拜情结，又何止那些天真幼稚的孩童们所独有呢?在我们这些号称是有知识、有理性的教育者中间，不也并不罕见吗?

有一阵子，我曾在一所颇有名气的基层学校做深度调研。其间，与该校一位非常纯朴的中层干部的一番交谈，令我很是感慨。这里不妨摘录一段她的原话——

我们学校的整个教改，每次都是校长提出一个点子，然后下面所有的人都照着做。为什么呢?我个人觉得，主要是我们这些下面的人（包括中层领导和教师）都不如校长，他非常聪明，智商比我们都高。校长每次提出一个改革的口号，我们这些下面的人就都忙得不亦乐乎。感觉刚刚回过神来，校长又提出了新的要求。……今天提出这样一个口号来，我们就努力向这方面完善，可还没完全静下心来对这种做法进行反思，校长又再一次提升了。校长的理论比我们多得多，我们都孤陋寡闻，我们好像没有那头脑……

老实讲，在听完这位学校中层干部的一番“告白”后，我感到心里坠坠的，沉。

应当说，从这位学校中层干部的话里，我们完全能感受得到这所学校的校长的能力和校长在大家心目中的权威分量。我也完全相信这番话绝对不是她的故作谦虚，而确确实实是她发自内心的一种真实、自然的流露。然而，唯其如此，就愈发使我感到一种莫名的困惑与沉重。请想象一下：一所学校的教育教学改革，倘若总是依靠“校长提出一个点子，然后下面所有的人都照着做”，那么，这种所谓的“改革”，实质上不就变成了校长一个人的“独角戏”吗？而作为教师，如果只会懵懵懂懂地按照领导的旨意“照葫芦画瓢”，“都忙得不亦乐乎”，却从来不去想一想自己的“忙”是不是“瞎忙”，“忙”得科学不科学或有没有必要，这种完全泯灭了自己的主体意识的盲从心态，会给我们的教育造成怎样的后果呢？当听到她以无比崇拜的口吻说到校长的“智商比我们都高”以及“我们好像没有那头脑”时，我不禁想起了朋友叙述的“八岁的侄子”坚信不疑地告白——“牛小宾都上五年级了，他什么不知道”。这是何其相似的一幕啊！

我在想，如果我是一名校长，倘若我经年累月地处在这种无条件的盲目“崇拜”氛围之中，我是不是内心里会自然而然地产生一种功成名就的陶醉之感呢？我会不会由此而将自己的自信渐渐不自觉地升格为一种唯我独尊的“自负”和“专制”呢？若如此，我的内心深处会不会也产生些许隐隐约约的孤独与悲哀呢？

在前面关于“教育需不需要旋风”的随感中，我曾就教育界长期以来的“刮风”现象，提出了纯属个人的一点看法——**一旦教育者失去了对教育教学的正确发展方向的把握，只会人云亦云、随声附和，那么，不管我们本是多么用心良苦，其结局恐怕十有八九也会难逃适得其反的暗淡命运！**现在，我想从教师自身生命发展的角度再说几句：如果我们对事物的判断从来不是凭借自己独立的眼光去审视，从来不是带着自己的大脑去思考，而只是一味盲目地“崇拜”“照办”“执行”，那么我们的灵魂里便只会有“仆从”，我们便永远只会像著名特级教师王栋生（笔名吴非）先生所尖锐直陈的那样“只会跪着教书”，而永远站立不起来！



教育要教会人思想，教育者首先应当是思想者。教师如果不能成为思想者，只能靠别人的思想指导自己的行动，他就丧失了教育的资格。……教师丧失了独立思考精神乃至丧失尊严，能靠他去“立人”吗？

教师要站直了教书。——如果教师是跪着的，他的学生就只能匍匐在地上。①

但愿，王栋生老师这一撼人心灵的呐喊，能让更多的教育界同人从对所谓“权威”的迷信和盲目崇拜的泥沼之中惊醒！

---

① 王栋生主编，《现代教师读本 · 人文卷》，广西教育出版社 2006 年版，第 41 ~ 42 页。

其实，这个世界上令人崇拜的“权威”本来就只有一个，那就是“实践”！尤其是我们每一个人自己的不懈实践……

## 02

下面，我想继续围绕“盲目崇拜”这个话题再谈一点感想。

如果按照我们约定俗成的通用“崇拜”标准来衡量，伽利略算不算是一个值得我们崇拜的“权威”呢？

我想，对于这样一个问题，大多数人的第一反应肯定会是万分惊讶或深表诧异。——这种问题还有必要问吗？如果像伽利略这样的在整个人类科学发展史上拥有里程碑式地位的伟大科学家都不算是值得我们崇拜的“权威”的话，那么，时下那些在我们教育界习惯于以无所不能的权威面孔示人的所谓“权威”，又该算是什么呢？

可是，有人居然偏偏就不承认伽利略是一个值得永久崇拜的“权威”；同时，更让人气愤的是，他居然认为另外一个人类文化史上的巨擘、大学者亚里士多德的学说也并非一点儿不容置疑！

——哦，天哪！这简直匪夷所思。

可是，让你我都意想不到的是，发出上面这一通近乎“狂言”的不是别人，而正是伽利略本人！

这可能吗？

且让我们看一看他在《关于托勒密和哥白尼两大世界体系的对话》中所做的如下一番谈话吧——

在我们的时代，的确有些新的事情和新观察到的现象，如果亚里士多德现在还活着的话，我敢说他一定会改变自己的看法。……因为他在书上说天不变，等等，是由于没有人看见天上产生过新东西，也没有人看见什么旧东西消失，言下之意，他好像在告诉我们，如果他看见了这类事情，他就会做出相反的结论……

……自然科学的结论必须是正确的、必然的，不以人们的意志为转移的……在这里，任何一个平凡的人，只要他碰巧找到了真理，那么……一千个亚里士多德都要陷于困境。所以……如果你还存在着一种想法或者希望，以为会有什么比我们有学问得多、渊博得多、博览得多的人，能够不理会自然界的实况，把错误说成真理，那你还是断了念头吧。

亚里士多德承认，由于距离太远很难看见天体上的情形，而且承认，哪一个人的眼睛能更清楚地描绘它们，就能更有把握地从哲学上论述它们。现在多谢有了望远镜，我已经能够使天体离我们比离亚里士多德近三四十倍，因此能够辨别出天体上的许多事情，都是亚里士多德所没有看见的；别的不谈，单是这些太阳黑子就是他绝对看不到的。所以我们要比亚里士多德更有把握地对待天体和太阳。①



谈到这儿，伽利略给我们讲了这么一个小故事——

有一次，某位博士在一所有名的大学里演讲，这位博士听见有人把刚问世不久的新发明——望远镜形容一番，尽管他自己还没有见过，可还是俨然以权威者的口吻断言道："这个发明是从亚里士多德那里学来的。"为了证明此言不虚，他叫人拿来一本课本，在书中某处找到关于白天可以在一口深井里看得见天上的星星的理由，然后便煞有介事地对现场的听众说：

---

① ［意］伽利略著，上海外国自然科学哲学著作编译组译，《关于托勒密和哥白尼两大世界体系的对话》，上海人民出版社1974年版。转自王栋生主编，《现代教师读本·人文卷》，广西教育出版社2006年版，第48~49页。

“你们看，这里的井就代表管子，这里的浓厚气体就是发明玻璃镜片的根据。”最后，他又大谈了一番光线穿过比较浓厚和黑暗的透明液体使视力加强的道理，云云。

可是，“实际的情形并不完全如此”。讲完这个小插曲，伽利略话锋一转，毫不客气地尖锐说道——

如果亚里士多德当时在场，听见那位博士把他说成是望远镜的发明者，他是不是会比那些嘲笑博士和他那些解释的人，感到更加气愤呢？你难道会怀疑，如果亚里士多德能看到天上的那些新发现，他将改变自己的意见，并修正自己的著作，使之能包括那些最合理的学说吗？那些浅薄到非要坚持他曾经说过的一切话的鄙陋的人，难道他不会抛弃他们吗？……如果亚里士多德是他们所想象的那种人，他将是顽固不化、头脑固执、不可理喻的人，一个专横的人，把一切别的人都当作笨牛，把他自己的意志当作命令，而凌驾于感觉、经验和自然界本身之上。给亚里士多德戴上权威的王冠的，是他的那些信徒，他自己并没有窃取这种权威地位，或者据为己有。由于披着别人的外衣藏起来比公开出头露面方便得多，他们变得非常怯懦，不敢越出亚里士多德一步；他们宁可随便地否定他们亲眼看见的天上的那些变化，而不肯动亚里士多德的天界的一根毫毛。[①]

什么才叫作实事求是？什么才叫作科学精神？什么才叫作酣畅淋漓，入木三分？……我想，在领略了伽利略的上述深刻

① ［意］伽利略著，上海外国自然科学哲学著作编译组译，《关于托勒密和哥白尼两大世界体系的对话》，上海人民出版社 1974 年版。转自王栋生主编，《现代教师读本·人文卷》，广西教育出版社 2006 年版，第 49 页。

思辨之后，难道还需要再解释什么吗？

我在这里之所以不厌其烦地大段大段摘录伽利略的谈话文字，目的很简单，其实无非就是想把我个人在反复阅读、品味它们时使我茅塞顿开的心得感悟呈献给各位批判而已，即——

**我们对所谓“权威”的迷信和盲从行为，可能恰恰是被真正意义上的“权威”所鄙弃的！**

那么，就我们所从事的教育这个行当而言，伽利略的上述话语又给了我们哪些启示呢？我们究竟该崇拜什么、该坚守什么、该树立什么、该抛弃什么呢？

我以为，在这种浮躁的、功利化的喧嚣愈益嘈杂的教育环境下，我们真的该认真地想一想了。

哦，伽利略，伽利略。——在这个清凉如水的寂静夜晚，为什么我会突然想起这样一个已经几乎快要被我全然遗忘了的名字呢？……



我，真的说不清楚。

# 创造力是如何消失的

## 01

多年前，在一期《家庭教育》杂志上，我看到过一篇对学龄前儿童的访问，主题是“假如风有颜色，世界会是什么样的”。结果，受访的那些年龄最大才不过6岁的孩子，向我们展示了这样一些令人难以置信的曼妙回答——

“要是风有颜色，我就能抱住它了。因为它吹到哪里，我都能看见它。”（小雨，3岁）

“假如风是红色的，那它里面就一定有个太阳，它去摸摸小树，小树很暖和，以为妈妈来了。”（小辛，4岁）

“假如风有颜色，我就可以知道风的家乡了。黄色的风是从沙漠里吹来的，它把家里的沙子装在口袋里，一边跑一边漏；蓝色的风是从海里吹来的，要是凑巧和从太阳上吹来的红色的风一起玩，那就变成了神奇的紫色的风了；绿色的风当然是从树林里吹来的，如果到处都是绿莹莹的风，春天就到来了。”（达达，5岁）

“风有颜色的话，我就用篮子把它装回家，挂在屋子里，轻轻一摇，啊，我的家里就五颜六色了。”（小黑，5岁）

“风有颜色的话，那么这种风是有毒的，因为颜料具有毒性，说明出现了环保问题。”（小琦，6岁）

“风有颜色的话，我就请它们排好队：冬天吹红色的风，暖洋洋的；夏天吹蓝色的风，凉丝丝的；春天吹绿色的风，甜津津的；秋天吹金色的风，香喷喷的。”（小郁瀚，6岁）

……

这是一些给我们成年人以多么大的惊喜的充满了创意和童真的精彩回答啊！我们不能不为之感叹：在这些天真烂漫的孩子的身上，蕴藏着多么丰富的想象力和无穷的创造力呀！然而，许许多多像他们一样本来也拥有无边无际的想象力和创新潜能的孩子逐渐长大并从我们的中小学课堂里走出来之后，呈现给我们的又是怎样的一种表现呢？

有一年，在全国普通高考的语文试卷中，有这样一道作文题，开头一段文字是，“小乐回到家，看见自己的一只鞋已洗得干干净净地晾在门口，但另一只鞋，妈妈没有洗”，结尾则是“小乐穿着一双干干净净的鞋上学去了”。题目的要求是，让考生补写200字左右的中间的内容，从而有机地衔接起首尾，使之变成一篇结构完整的故事。显然，题目的用意就是考查学生的想象力。但是，考生的表现如何呢？从卷面来看，绝大多数考生所给出的说法惊人的一致，即“小乐想，这是妈妈在考验自己，于是，他便自己动手把另一只鞋子洗干净了”。而且，他们还如出一辙地描写道：“因为小乐平时很少自己洗东西，所以一开始手忙脚乱，满头大汗，甚至手都磨起了泡。”而最后的结束语几乎又都来了这么一句：“妈妈回来看见后，高兴得合不拢嘴，舒心地笑了。”……

显然，上述情况暴露出考生的想象力是非常贫乏的，其思维方式是单一的、定式的。可是，为什么这些本来也肯定拥有过天马行空般的想象力的孩子，在经历了小学、初中和高中阶段的学习之后，不仅原有的想象力和创造力没有获得新的提高与发展，反而渐渐变得畏首畏尾、瞻前顾后、循规蹈矩，不敢越雷池一步，只会机械照搬和死记硬背所谓的“标准答案”了呢？他们的创造力究竟跑到哪儿去了呢？面对这种状况，我们的确是需要认真地反思一下自身了：作为与学生朝夕相处的教师乃至其他一切教育工作者，在我们习以为常的传统的课堂、教学以及评价等方面，我们的所作所为是不是的的确确存有一些重要的缺憾呢？



## 02

多年前，当我还是一名中学历史教师的时候，我有一名学生在高考历史学科中取得了很高的分数，我曾引以为傲。我自认为，她的高考历史成绩至少表明我的教学应当算得上是“上乘”的。然而，她在考入大学后的第一个元旦节寄给我的一张贺卡上所写的几句话，引起了我的反思。那几句话是这样写的——

老师，当我给您写这张贺卡时，我才突然发现，您花费了那么多的心血教给我的那些历史知识，我已经将它遗忘在早晨长跑的跑道上了，淹没在拥挤嘈杂的餐厅里了，丢失在周末的联欢晚会上了……真不好意思，您曾辛辛苦苦教给我的那些历史知识，我现在又把它们全部交还给您啦！……

需要强调的是，这个时候，这名学生离别我的课堂才不过四个多月的时间！

那么，从这名刚刚走出中学课堂不久的学生那略带调侃意味的无奈话语之中，我们可以感悟到什么呢？显然，在过去的中学课堂教学中，知识的传授一向是被作为课堂教学的中心任务的。然而，这名学生的一番话表明，事实上，在较长的一段时间内，即便我们认为做得最扎实、最有效和最受关注的课本知识的授受，其效果也远不像我们主观上估计得那么好。

那么，为什么学生在离开我的课堂还不到半年的时间就将那些看上去已经烂熟于心的知识很快全然忘却了呢？为什么学生认为除了那些基本的知识点之外，我的课没有给她带来其他方面的收获呢？很明显，一个很重要的原因就是我已经将课堂教学完全窄化为学科知识的单一传授与识记了，而且，这种对知识的教与学又基本上变成了机械灌输与死记硬背，于是，学生就不再是鲜活的生命个体，他们已经相应地变成完全丧失了自我的被动的知识“储蓄罐”了。这样一来，我所传授的所谓“知识”也就完全失去了它所固有的精神、文化、智慧与情感等丰富的生命意蕴，而变成了一堆毫无意义的僵死的东西。

由此可见，在某种程度上，正是我自己把原本“活生生”的教学内容抽去了灵魂而教“死”了。

然而，可怕的是，我发现这种“死教”的现象如今依然在我们的课堂里时隐时现，甚至神气活现呢！

我为此感到有些焦虑，也有些悲哀。

当然，在内心深处，我更多地还是有着一种期盼，是的，一种对变革的真诚期盼……

## 03

一位中学语文教师朋友曾给我看过一篇高三学生的习作。这篇题为《中学生失掉创造力了吗》的看图作文，再一次引发了我心灵的强烈震撼！请看——



“现在的中学生毫无创造力。”有人如是说。言外之意，好像我们中学生个个都是学习机器，教一点会一点，不知变通，不会创新。

这是真的吗？请先看下面这个故事：一只瓶子里有少量水，小乌鸦聪明地用一根吸管吸着，多有创意呀！老乌鸦却走来训斥：“你破坏了祖宗的规矩！”

轻易地，一个变革的机会就这样消失了，因为小乌鸦是断然不敢违抗老乌鸦的，何况还有那么重的一顶帽子——祖宗的规矩！乌鸦们大约又只能靠衔石子投到瓶子里的“祖传”办法，才能够喝到水了。

可这是为什么？是因为小乌鸦没有创造力吗？不，这是因为小乌鸦没有展现创造力的空间——正像我们中学生一样。

中学生的空间本来就小，再压上中考、高考的重担，就更让人透不过气来；有时候，我们刚刚偶尔显露出一点灵气，便立刻又被“老乌鸦”式的人们无情地喝止：“你要老实本分，中规中矩，不可越雷池一步啊……”这一圈圈桎梏套下来，让我们如何展现自己的创造力呢？

可是，有人一边不断收紧套在我们中学生身上的绳索，一边又不时摇头并发出一声声悲天悯人般的慨叹：“唉，现在的中学生啊，都失掉创造力了！”他在发出这番慨叹的同时，却不去想想自己是否也已跻身“老乌鸦”的行列中去了。一位老师在黑板上用粉笔画了5个点，问学生这是什么。当学生回答是用粉笔画的点后，她悲伤地感叹：“幼儿园的孩子们都比你们的想象力丰富！”这一直是被当作我们中学生没有创意的典型例子来一次次引用的。可是，我要问：在课堂上，老师若不明说这是要检测同学们的创意，那么我们谁敢冒着被斥作“无视课堂纪律”的风险，而说出种种标新立异的答案呢？我敢说，当时在座的每一个学生的脑海中都有过无边无际的幻想，但假若被老师叫到了，他只会小心翼翼地回答：“这是——用粉笔画的点。”

……

中学生失掉创造力了吗？这个问题不必多问。在课间，多少幽默的、闪着灵气的话语充满着教室、操场，多少天才的、美妙绝伦的射门划过了绿茵场……这些，是一个失掉创造力的人能够做得出来的吗？

可是，过程和结果相比，人们看重的通常是结果；梦想与现实较量，最终获胜的往往是现实；而创意若同“标准答案”相抵触，你让我又能选择什么呢？何况，此时的选择权也已不在我们手上了！素质教育离我们还很远，远得像天边的云，可望而不可即。

中学生失掉创造力了吗？应当承认，我们的确是已经失掉一大部分了。这是因为，“老乌鸦”到处存在！

老实讲，作为一名教育工作者，我每一次阅读这篇作文的时候，脸上总有一种热辣辣的感觉。英国哲学家罗素说过这样一句话：“泯灭儿童期的幻想就等于把现存的一切变成束缚，使儿童成为拴在地上的生物，因此就不能创造天堂。”而我们过去的教学方式是不是在一定程度上恰恰扮演了这样的角色呢？

我不禁扪心自问：我在自己的教学生涯中，是不是在不经意间也做过一些类似于上文中的“老乌鸦”那样的蠢事呢？我们的课堂究竟该如何变革才不再是禁锢学生生命发展的藩篱，而成为充溢着不息的生命活力的创新磁场呢？……

看来，这的确是值得我们好好思考的问题。



## 教育并非只是一块糖

### 01

随着年龄的增长和阅历的增加，我对这样一句话产生了深刻的共鸣：人生就是一场苦难。我知道，这句话所隐喻的是人生一世，每个人必然都会面对大大小小的困难，没有人能例外。由此我想，如果我们的学校教育只是刻意给孩子制造一个个美丽动人的虚幻图景，甚至有意回避现实世界中的种种困苦以及不那么美好的事物，使孩子认为人世间永远都充满着欢乐、甜蜜、阳光，这难道就是对孩子所谓的“保护”或

"爱"吗？

老实说，我对此有些不以为然。

记得有一位儿童心理学家说过这样一句话："有幸福童年的人常有不幸的成年。"我觉得，这句话真的很值得包括我们这些教育工作者在内的大人们警醒。在我看来，这句话实际上就是在告诫我们：如果一个孩子从小就习惯于被宠溺、被娇惯、被过分呵护，而几乎从来不知道"挫折""风雨"和"磨难"为何物，那么，这就很有可能会导致他们养成以自我为中心的习惯，并因此而变得心理极端脆弱，不堪一击。当他们成人之后，也自然会常常因为不能适应现实社会中激烈的竞争压力而感到焦虑、痛苦，一旦遭遇挫折和打击，很快便会在精神上趋于崩溃。

所以，我们是否应该认真反思一下，只是一味地给孩子提供太多体贴入微的所谓的"爱"，是不是就是学校教育所承载的全部应有之义呢？



令人欣慰的是，在我们的教育圈里，已经有一些目光敏锐的人对此开始明确地说"不"了。譬如，清华大学附属小学校长、著名特级教师窦桂梅即明确表示："一个孩子的成长，需要糖，也需要钙，同时需要盐。"① 她所说的"糖"，指的是表扬、鼓励，是对孩子天性的顺应；所谓"钙"，就是要让孩子知道自强自立；所谓"盐"，则是指孩子在成长过程中必须面对的挫折、苦难。她直言不讳地指出："这三样在教育中都不能丢，可是今天的孩子只有糖，没有钙，更谈不上盐了。"② 她认为，"对高年级段的孩子就该撒一把盐了"③。

我觉得，窦桂梅老师的话语可谓掷地有声，是很值得我们

---

①②③ 樊未晨，《清华附小百年经验告诉你：这些观念是误区》，载 2015 年 11 月 23 日《中国青年报》第 12 版。

警省的。

事实上，生活本身就在不断磨砺着我们承受苦难的韧性，增强着我们抗打压、抗挫折的耐力。然而，我们的学校教育在引导孩子面对苦难和挫折方面究竟又有意识地做过什么？我们是否应当诚实地给予那些天真地以为生活就是“蜜罐”的孩子一些关于“苦”的有意识的体验呢？我们是不是有必要向他们有意识地展示一些现实世界中客观存在着的不那么美好，甚至是丑陋的东西，而不是出于所谓的“爱护”和“呵护”之心而刻意回避，或是“好心”地去遮蔽呢？……

法国作家巴尔扎克就说过这样一句充满哲理意味的名言：**“苦难是生活最好的老师。”**我国古代先哲孟子也曾以大舜等数位上古圣贤饱经忧患而奋然崛起的故事为例，指出艰苦的环境固然会给人带来贫困、饥饿、苦难、疲乏、忧虑等种种的不如意，但也正是这些苦难经历，磨砺、坚定了他们的意志，使之在不断克服困难、求得生存的过程中增长了聪明才干！用孟子的话来说，即“故天将降大任于斯人也，必先苦其心志，劳其筋骨，饿其体肤，空乏其身，行拂乱其所为，所以动心忍性，曾益其所不能”①。可见，从这个角度来说，**教育并不能总是一种无原则的“爱”的施予，苦难与挫折同样也是一种不可或缺的教育**。——或许，对孩子而言，这可能还是一种更为重要的具有长远意义的人生教育啊！

## 02

对于“苦”和“爱”这两个字眼，我还想从教育的角度再多说几句。

---

① 出自《孟子·告子下》。

我知道，许多教育工作者常把这么一句话挂在嘴上：教育是爱的事业。我当然也承认爱是从教的基础，但是，如果不加分析地极端渲染爱，似乎也值得商榷。不是吗？事实上，爱是多种多样的，溺爱也是一种爱，但它给孩子带来的是什么呢？

据报载，某地一位小学三年级的班主任，遇到过这样一件令她头疼的事情：在她的班里，有一个孩子几乎天天早上迟到，有时甚至迟到两节课。当她为此而与孩子的妈妈进行沟通，希望家长能配合学校督促孩子时，不料那位年轻的妈妈却不以为然地说："孩子早上起不来，说明他没有睡够。孩子早上没睡够就把他拖起来让他去上学，太残忍、太不遵从人性了，我们至少要让孩子睡到自然醒。……"孩子家长这样振振有词的回答，令这位班主任实在不知道该说什么好。其实，学校和教师之所以要求学生早晨按时到校，其用心不就是为了让他们从小就形成规则意识和时间观念，从而使他们逐步养成一种可以相伴一生的良好生活习惯吗？而孩子家长的这种放任、骄纵，貌似心疼孩子，实际上造成的后果却有可能会贻害孩子的一生！

2015 年年末，长沙市某公司一位"90 后"女员工的辞职申请书，突然间迅速"火"遍了大大小小的网上论坛、贴吧，成为人们竞相围观、调侃的一条社会热点新闻。那么，何以会如此呢？

据《潇湘晨报》报道：这位"90 后"女员工，入冬后因早上怕冷赖床不起，在一个月的 23 个工作日中，居然有 17 天上班迟到！这还不够，后来她干脆就以"冬天太冷，起不来"，需要"先冬眠"为由，"理直气壮"地向公司递交了辞职申请书。据了解，该公司要求员工早上 9 点上班，而这位"90 后"女员工即便是从居住的地方步行去公司，也只不过需要15分钟！所以，对于这位任性的“90后”女员工如此“奇葩”的辞职理由，其公司的一位领导在深感讶然和无奈之余，忍不住在意见签署栏里写下了这么一句评论：“现在的‘90后’，太不负责任了，我表示无语。”

这虽然令人难以置信，却是实实在在地发生了的一个典型案例。当然，我并不赞同她的那位公司领导有些以偏概全的观点，因为我不相信这意味着所有的“90后”都是如此。不过，像这位“90后”女员工的任性行为，以及这种毫无规则意识和时间观念的散漫毛病又是怎样养成的呢？这与在她的成长过程中来自家庭的娇宠、溺爱和学校教育中的片面与放任，难道没有千丝万缕的关系吗？而对于生活中孩子们诸如此类的种种任性行为的娇惯、溺爱、放纵，难道不是你我都已熟视无睹、见怪不怪了的普遍现象吗？

一位从我国内地赴德国生活过一段时间的同胞，向我们介绍过一些令他一度不能理解，但在德国人看来不以为奇甚至认为天经地义就该如此的关于如何对待孩子的生活小事——

刚到德国时，我寄住在朋友约翰家里。他家在法兰克福“富人区”，家境很好。他有两个孩子：11岁的乔治和9岁的凯斯。在他家住了几天，我就发现一向对公益事业慷慨解囊的约翰夫妇，对孩子却十分“小气”。

孩子的零用钱每月才30欧元，而且要帮家里干活才能得到。乔治负责为花园植物浇水、翻土及擦洗汽车；凯斯则帮助父母洗餐具、收拾房间、去商店购物和擦洗全家人的鞋子。到了暑假，两个孩子还骑着自行车，顶着炎炎烈日，挨家挨户送报，赚取买书籍、玩具的费用。

我对约翰夫妇的“残忍”表示不解。他们却说：“孩子总有一天要去更广阔的天地闯荡。为了他们将来能应对挫折，一定要培养他们战胜困难的能力！”

后来，我发现德国家长经常给孩子设置一些顺境下的“障碍”，有时甚至还故意“制造”一些犯错误的机会。

德国同事苏珊娜7岁的女儿要跟同学去郊游。临行前，苏珊娜发现孩子忘了把食物和手电筒装入行囊，可她没有提醒。旅行回来，孩子饿得脸色发黄。这时，母亲才问女儿怎么回事，并帮女儿分析原因。最后，女儿表示：“以后出门一定要先列一个物品单子，那样就不会忘带东西了。”①

不仅如此，这位同胞还讲到，由于工作关系，他需要经常出差，并且常常入住那些条件比较简陋的青年旅馆。而就在那里，他认识了很多参加“磨难营”的孩子。他举例说，其中有个叫马丁的小男孩，虽然才12岁，却已经是第八次参加“磨难营”活动了。那个暑假，他将和数百名儿童一起在哈兹山进行充满“磨难”的野外生存活动！



那么，德国人何以会如此想方设法地故意让孩子找苦吃、找罪受呢？当时正在带领孩子们进行“磨难营”体验活动的社会志愿者舒密特博士，用一句话解开了我们心中的困惑——

“磨难营”活动旨在培养孩子的吃苦精神、团队意识及正视挫折的态度，培养孩子在黑暗中看到光明的能力！②

好一个**“培养孩子在黑暗中看到光明的能力”**啊！难怪德国人在国际上素来以严谨、踏实、执着、坚定、敬业等可贵品格著称。这种民族性格和精神的铸就与延续，与他们这种刻意让孩子从小便经受种种“磨难”，进行吃苦教育的观念和行

①② 摘自《从磨难开始：德国教育是如何“保护”孩子的?》，引自“搜狐教育－家庭教育”，http：//learning. sohu. com/20150326/n410333835. shtml。

为，难道不是有着密切的联系吗？

两相对比，为什么在我们国家里，有为数不少的孩子却越来越不懂得自律、自强，不懂得用自己的劳动和汗水去创造财富，而总是一味地习惯于“拼爹”“啃老”，总是动辄就理直气壮地向父母或其他长辈进行物质上的无度索取，自己却根本不懂、不会更不愿意去付出呢？……这些现象的产生，与我们的家庭和学校中大量存在的娇生惯养、放纵放任等种种教育观念和行为上的偏差，难道没有直接的关系吗？在我看来，正是我们长期以来对孩子成长过程中那个举足轻重的“爱”字的理解存在着极端化、片面化的误区，从而才结出了如此令人痛心的“苦果”！

其实，除了类似于上面所列举的种种溺爱行为之外，还有人常常以爱的名义而干非真爱的勾当……所以，我觉得，在儿童教育的过程中（不论是学校还是家庭），我们对于那个诱人的“爱”字，似乎还是应当要注意具体问题具体分析，保持理性，区别对待才是。



## 03

说到当下一些学校对学生某些不良行为“睁一只眼闭一只眼”的放任、不作为或不敢作为的态度问题，我们便不能不承认：确实，这些年敢于批评学生不良行为的教师实在是越来越少、越来越罕见了。当然，更不要提什么“惩戒教育”了。相反，滥用所谓“赏识”的手段乃至无原则地动辄跷起大拇指赞美“你真棒”的教师则多如牛毛。但，这是否就是一种值得大加褒扬的“进步”表现呢？对此，我时常感到困惑。

差不多在十年前，曾有一部名为《女王的教室》的日本电视剧火爆荧屏，也引起了不小的争议，至今仍被不少“剧迷”时常提起，津津乐道。这部剧叙述的是一位极其严厉、貌似不近人情的阿久津真矢老师与她任教的刚升入六年级的孩子们相处一年间的故事。阿久津真矢老师虽是一位拥有高颜值的美貌女老师，但她绝不是我们惯常所歌颂、追捧的温柔型、慈母型的老师，相反，她不苟言笑，总是一副冷冰冰的模样，对孩子们的要求极为严苛，而且从不给孩子们刻意制造一种现实社会中到处都充满温暖阳光的虚幻景象，反倒在第一节课上便对孩子们讲了很多社会上的不公平现象及现实中残酷、阴暗的一面。那么，她何以会这般“冷酷无情”呢？剧中，她与学生之间的一个对话片段，不经意间让我们体味到了她在貌似“无情”背后的良苦用心！

当一个小女孩鼓起勇气怯怯地问“老师为什么要对我们那么严厉”甚至“做些欺负我们的事”时，阿久津真矢老师是这样解释的：“你们能想象吗？这个世界上还有许多事情比我对你们做的更加过分！人只要活着，就永远会有‘欺负’这个词。……**重要的是将来自己遇到这种被欺负的事，你们能掌握应对的忍耐力和解决方法**。而现在（在经受了我的严厉甚至是‘欺负’的历练后），你们中间说不定已经有人开始掌握这种方法了呢。……”

另一个平日里似乎已经对什么事情都满不在乎，大有“破罐子破摔”劲头的“问题学生”，则在大庭广众之下向阿久津真矢老师捅出了一个揭“疮疤”的问题：“听说好像以前你在另一所学校教书时，你班级里的一个学生被你打伤，是真的吗？”对此，阿久津真矢老师并没有回避，而是坦率地回答：“是真的。”她面对孩子们惊异的目光，坦然解释道：“因为那个孩子对我挑衅说：为什么不能杀人？而这个孩子脑子聪明，体育又好，身材也非常高大，班里的同学都非常怕他，只要他盯上的同学都一个个被他欺负过，甚至还有同学因此而自杀未遂。但是，他不仅毫不反省，反而还挑衅说为什么不能杀人？……所以，我直接教训了他。——我用这种办法让他知道了别人的痛楚，让他明白并牢牢记住：**大家都和你自己一样是活生生的人，不管是谁，都有你所不知道的了不起的人生，每个人都拥有的家庭、爱、梦想、希望、回忆、友情……而这一切都是任何人没有权利剥夺的！谁都没有权利给予他人苦难、痛楚、悲伤！**所以不能杀人！”随后，这位为此也付出了被停职接受为期两年的职业再培训代价的阿久津真矢老师，对孩子们进一步加重语气说道：“你们也有可能犯错，所以希望你们铭记在心：犯了罪的人，一定会被捕，就算能逃脱，一辈子也会活在负罪感中，被周围的人冷落，到死也是孤单一人，已经没有一件值得开心的事了，永远都不可能得到幸福！”



我知道，像阿久津真矢老师这种对学生严苛得有些不近人情的做法，肯定会引起激烈的争议。事实上，她所采取的那种故意“欺负”学生，“专制”到近乎偏执的教育方式也确实令人难以苟同。但是，阿久津真矢老师与孩子们的对话，却真的是让我感到久违了的酣畅淋漓、掷地有声、直抵灵魂的苦口良言啊！在这番语重心长的话语背后，我真切地体味到，这位被孩子们视为“恶魔”的看似严酷无情的老师的内心深处，隐藏着的却是一颗极柔软的心！是的，那分明是一份令人难以察觉，却又着实令人不能不深深触动的一位有担当、有正义感的教师殷殷期盼她的学生都能够学会自立自强、有韧性、抗打压，并最终走向“成人”的深沉之爱啊！

自打偶然间我看了这部剧之后，在很长的一段时间里，我时不时便会暗暗琢磨，这位阿久津真矢老师和她的学生的故事带给我们最重要的启迪到底是什么呢？我想，是不是这样——

无论是作为孩子的家长，还是像我们这些与孩子朝夕相处的教师，我们真的都应当牢牢地记住这样一句话：**“我们无法永远保护孩子，但是我们可以教给他们怎样认识生活和社会、保护自己。”**① 特别是作为教师尤其需要明白，一味不加分析地批评、惩罚固然会给学生的身心健康发展带来不容低估的负面影响，但一味不加分析地赞扬和放纵呢？其实，这种庸俗化的迎合行为所带来的后果，同一味地批评、惩罚在实质上是并无二致的！

所以，我的结论是，**放弃了严肃批评或者惩戒教育的教育，不能算是负责任的教育！**

对此，您赞同吗？

## 教育，迎合还是引领



### 01

曾经有一段时间，教育界人士围绕着教育是否要“回归生活”的问题展开了讨论，双方各执一词，互不相让。然而，我觉得，或许我们将这个问题改成教育究竟是应当简单地“回归”生活，还是应当“超越”生活并“引领”生活，可能会更具有思考的价值。

古罗马思想家西塞罗曾说：**“教育的目的是让学生摆脱现实的奴役，而非适应现实。”**是的，教育本身即是源于生活，但又高于庸常生活，并最终反馈、作用于这个丰富多彩的现实

① 摘自《从磨难开始：德国教育是如何“保护”孩子的?》，引自“搜狐教育－家庭教育”，http：//learning. sohu. com/20150326/n410333835. shtml。

世界的事业。所以，教育绝不能降低到只是简单迎合庸常生活世界的层次，而要在关注生活、联系生活的基础上，进而超越庸常生活，并发挥引领生活境界高度的作用！

对此，我国著名学者周国平先生也曾指出："人在社会上生活，当然有适应现实的必要，但这不该是教育的主要目的。"① 然而，"今天的情形恰好相反，教育正在全力做一件事，就是以适应现实为目标塑造学生"②。为此，他强调道："古往今来的哲人都强调，学习是为了发展个人内在的精神能力，从而在外部现实面前获得自由。当然，这只是一种内在自由，但是，正是凭借这种内在自由，这种独立人格和独立思考能力，那些优秀的灵魂和头脑对于改变人类社会的现实发生了伟大的作用。"③所以，"教育就应该为促进内在自由、产生优秀的灵魂和头脑创造条件"④。他质问道：**"如果只是适应现实，要教育做什么！"**⑤



是啊，如果我们的教育只是一味地迎合现实、适应现实，而不去承担起引领人们摆脱现实的奴役，为未来拥有"内在自由"灵魂的生活而奠基的使命，那么，我们确实就该要问：如此，还要教育做什么?!

所以，我们便可以得出这样一个结论——

**教育的本义不在于对现实的迎合，而在于对未来的引领。**

## 02

我常常想起那年那个酷热的夏日。在那个全国性的教育工作视频会议上，一位主管教育的官员对某些名牌大学炒作所招

①②③④⑤ 周国平，《教育的七条箴言》，引自《周国平论教育》，华东师范大学出版社2009年版，第5页。

的“高考状元”究竟谁最多的“口水战”现象痛加斥责：“高考状元”只能说明基本知识可能学得比较好，并不代表他的道德素质等综合素养也高。而有些学校热衷于炒作“高考状元”，实际上是在炒作学校自己。有些著名高校居然也为了比较谁招的状元数量多而在媒体上“吵架”，把高校的脸都丢尽了！

那一刻，我觉得他讲得太过瘾了。我为他的直言忍不住要叫一声好！

是的，作为国内知名高校，招了多少“高考状元”能说明什么呢？需要问一下的倒是，当年曾风光无限、“金榜题名”的所谓“状元”们，从这些名校毕业后，现在究竟又有多少是真正出类拔萃的？如果问心无愧，何至于耄耋之年的钱学森先生要一而再，再而三地诘问“为什么我们的学校总是培养不出杰出人才”呢？而几乎每年都热衷于洋洋得意地炒作全国各地的“高考状元”如何被自己尽收囊中的那些所谓的“名牌大学”，又为什么对钱学森先生的诘问总是躲躲闪闪，穷尽理由为自己开脱呢？……

那么，数年过去了，这种名牌大学争抢“高考状元”的浮躁病是否有所好转呢？很遗憾，现实让我们再一次失望了！

2015 年 6 月，又一个酷热的夏日，一条关于国内两所名牌高校恶性争抢“高考状元”的新闻，迅速抢占了各家网络媒体和纸质媒体的头条。在该年度高考成绩公布后的某日上午，实名认证的两所知名大学“某地招生组”在微博上相互“掐架”，互斥对方采取欺骗考生、金钱利诱等不当方式争抢生源，并称对方散布谣言、骚扰本校报考者，云云。这两所名校为抢“高考状元”而不惜公开“掐架”、斯文扫地的行为，被人直接斥为“没出息”！

看来，中国的教育真的生病了，而且病得还不轻！这种病就叫作“功利”。而这种追逐虚名的功利性办学行为究竟能催生出多少真正的有用人才呢？

无论是高校，还是我们的中学、小学，甚至幼儿园，当然，也包括那位怒斥“把高校的脸都丢尽了”的教育官员，难道不都应该好好反思一下吗？因为，这是一个关乎中国教育未来的举足轻重的大问题啊！

## 03

谈到高等教育，人们自然不会忘记晚年的钱学森先生在病榻上所发出的那个著名的质问：为什么我们的学校总是培养不出杰出人才？

是啊，究竟为什么呢？

有一次，我在无意中看到某地方高校的官网上有这样一则醒目的标题——《热烈祝贺我校又培养出一名厅级干部》。



这样高调张扬、骄傲得意的醒目标题，真的让我观之讶然、哑然。当下某些大学对“人才”的理解和追求，由此可见一斑。其实，据我所知，这所大学还曾培养出职级更高的某位省部级官员——只是后来因为贪污腐败而被查处严惩了！想必当年这位校友高升时，他的母校也以更加激动亢奋的劲头“热烈祝贺”过吧？

我也偶然看到过这样一则报道：世界著名的英国牛津大学在自己900多年的办学历史上，曾先后培养了7个国家的11位国王、6位英国国王、53位总统和首相、47位诺贝尔奖获得者，以及86位大主教等，影响着整个世界。然而，我们在牛津大学的官方宣传资料中几乎看不到这些，这所英国最古老的大学甚至没有举办过像样的校庆，更不要说大张旗鼓地造势炫耀了！

这就是差距。——差距就在于牛津大学对学术、对真理的真正追求而让它远离了浮躁与功利，而我们的学校呢？

所以，在我看来，钱学森先生质问我们的学校为什么培养不出富有创造性的杰出人才，个中缘由我们都心知肚明。试想：在这样一种以“官”为大、为荣，以官职高低论英雄的极端功利的“官本位”学校文化的浸淫下，我们的学校所培养出来的学生中，将来可能不会缺少终于如愿以偿做了大大小小的“官”的“光宗耀祖”者，或是成为被北京大学教授钱理群先生斥作的“精致的利己主义者”，但要说能培养出钱学森先生所冀望的那种真正意义上的“杰出人才”——可能吗？

## 04

究竟什么样的教育才是良好的教育呢？这的确是一个既古老又永不过时的值得我们认真反思的问题。

曾经有这么一所乡村学校，在人们的传统眼光下，它一度被打上了“薄弱”的烙印，其校舍、设施的确不豪华。但是，学生身在其中，却能真切感受到一种人性光辉的沐浴，能被带入一个个丰富而美好的精神世界，并拥有一次次刻骨铭心的自我教育的经历与体验……从这个角度来讲，我们是不是可以这样说，学生在这所学校所受到的这种教育，就应当是一种“良好的教育”呢？

不是吗？如果我们能用心去营造一种充满真情与关爱的氛围，所谓“良好的教育”就有了最真切的保障。而如果相反，就会像有人所讲的那样：“凡是教师缺乏爱的地方，无论品格还是智慧，学生都不能充分地或自由地发展。”所以，“伪教育”可以建立在轻蔑与敌视之上，也可以依靠惩罚和制裁来实现，而真正的良好的教育只能建立在尊重与信任的基础之上，建立在宽容与乐观的期待上。

可见，诚如教育学者肖川先生所言，"真正的教育存在于人与人心灵距离最短的时刻，存在于无言的感动之中"①。

那么，教育的本义究竟是什么？我很赞同这样一种说法：**教育的全部在于发展人的个性、保护人的天性和完善人的品性**。

因此，无视"人"的存在与发展的教育，就只能是一种被异化了的"伪教育"。从这个意义上来讲，我们的教育能否发现"人"，解放"人"，也就成了能否真正促进人的全面和谐发展的关键所在。

也正是从这个角度来考量，我们似乎就有必要进行深刻的反省：作为一名教育者，我们的教育行为是否折射出大写的"人"字了呢？……

在这里，我们不妨再来听一听来自学生的倾诉：教育，究竟给了他们什么？



"如果问教育给了我什么，我只能说它教会了我恐惧，它让我每天都要做那些永远做不完的作业，让我不敢再次踏入我的母校……可是曾经我是多么喜欢老师，多么希望自己长大了也可以做一名老师啊！"（一名大三学生）

"总想着等走进了美丽的大学，一切都会好起来的，可事实上，等我终于进了大学的门槛，我才发现自己除了会死啃书本之外，别的一点特长也没有。我也明白自己的前途要靠自己去开拓，可想想自己的上学历程，唉，现在只能是很无奈地叹气了……"（一名大三学生）

---

① 肖川，《什么是良好的教育》，引自肖川著，《教育的理想与信念》，岳麓书社2002年版，第35页。

有人辩解，培养学生拥有超强的应试能力，这也应当是一种“素质”教育的成果。那么，从这些已经进入大学学习的“天之骄子”的倾诉中，难道我们还不应该进行一些真诚的反思吗？譬如，所谓“升学辉煌”是否可以与“教育辉煌”之间画等号呢？

在这里，让我们的目光不妨转向那些在人类教育发展的星空中熠熠生辉的大师们，听一听他们是如何言说的吧。

阿尔伯特·爱因斯坦，这位创立了相对论的智者，向我们毫不掩饰地坦率直陈：“用专业知识教育人是不够的。通过专业教育，他可以成为一种有用的机器，但是不能成为一个和谐发展的人。要使学生对价值有所理解并且产生强烈的情感，那是最基本的。他必须获得对美和道德上的善有鲜明的辨别力。否则，他——连同他的专业知识——就更像一只受过很好训练的狗，而不像一个和谐发展的人。”[①]

我们再来看看教育思想家约翰·杜威的观点：“我们一般可以发现，以实利为目的的教学牺牲想象的发展、审美能力的改进和理智见识的加深……不但有损于自由的教育，也在同样程度上限制了所学知识的用途。”[②] **“任何教育如果只是为了传授技能，这种教育就是不自由的、不道德的。”**[③] 因此，“教育就是不问年龄大小，提供保证生长或充分生活的条件的事业”[④]。

---

① ［美］爱因斯坦著，许良英等译，《论教育》，引自张民生、于漪主编，《教师人文读本》，上海辞书出版社 2003 年版，第 215 页。

② ［美］杜威著，王承绪译，《民主主义与教育》，人民教育出版社 2001 年第 2 版，第 276 页。

③ ［美］杜威著，王承绪译，《民主主义与教育》，人民教育出版社 2001 年第 2 版，第 278 页。

④ ［美］杜威著，王承绪译，《民主主义与教育》，人民教育出版社 2001 年第 2 版，第 60 页。

可见，正如有人所提出的那样：无论从哪一方面而论，教育的安身立命之处或根系之所在，都应当是致力于人的自由而全面的发展。换言之，人的自由、超越、创造、完善、德性、人格等等，才是其应有的根本性内涵啊！

## 让教师感受到温暖

### 01

没有主动性的学生，不是好学生；那么，没有主动性的教师呢？放眼当下，为什么教师的主动性正在一点点悄然流失呢？

陕西师范大学附属中学的杨林柯老师就此做过颇为深刻的分析——



有多少教师是从小就有当教师的理想，志愿成为教师，成为文化道统的传承者的？如果不是自愿的选择，而是在生存问题没法解决的前提下，成为一名教师，教师职业对他们来说，不过就是一个饭碗。而在一些把分数看作命根的学校里，**教师同样把分数当作自己唯一的尊严砝码，既没有对生命的敬畏，也没有对自身生命意义的寻找。那么，这样的尊严有多少含金量？**①

不仅如此，他认为，另外一个重要的原因就是教师待遇偏

① 杨林柯，《重新寻找教师的尊严》，载2015年1月7日《中国教师报》第8版。

低，其作为知识使者和文化使者的地位没有获得充分尊重。还有就是教育行政化的严重影响。对这一点，他作为基层中学的一名教师，尤为深恶痛绝——

教育的行政化也是危害教师尊严的利器。本来，行政应该是教育化的行政，可现在基本是教育为行政打工，教师在行政权力面前毫无尊严，例行检查、随意加班、乱占假期，再加上用成绩给教师排队，用高考试题培养和选拔教师，不尊重教师的专业自主权。在这样的制度背景下，教师哪里有工作的主动性？①

我觉得，杨老师的分析真可谓一针见血、入木三分！

是啊，在一种让教师根本无法体验到职业尊严的恶劣环境下，居然还想要他们不是在应付、在喘息，而是具有一种积极进取的主动性，可能吗？

面对这样的现实，那些拥有权力的教育管理者们能不能先把空谈所谓“情怀”的调门降低一些，而为改善教师的生存环境做出一些实质性的努力呢？

教师的职业觉悟既需要自我不懈地陶冶教育情怀、教育信仰，同时更需要拥有适宜的生态、宽松的环境和自由的空气啊！

俄国思想家别尔嘉耶夫早就说过：“美不可能属于决定的世界；美是对决定的摆脱，是自由的呼吸。”②

我认为，别尔嘉耶夫的这一精辟观点，对我们而言是极具

---

① 杨林柯，《重新寻找教师的尊严》，载2015年1月7日《中国教师报》第8版。

② ［俄］别尔加耶夫著，方珊等选编，《美是自由的呼吸》，山东友谊出版社2005年版，第70页。

启迪意义的。因为，说到底，**教育其实就是一项陶冶生命的美的事业**。而倘若作为从事这项“美的事业”的使者——教师都不能真正享有“自由的呼吸”，而只有无奈地叹息与喘息，那么，我们又如何能指望他们会拥有旺盛的积极主动进取的热情，从而使那些正在接受他们的教育的孩子的生命得到美的陶冶、美的升华呢？……

## 02

那年的春夏之交，当又一期教师培训活动结束，告别了参加培训的老师们后，我回到了家。照例，我打开了书房里的电脑，先浏览一下个人网页，借此放松一下疲惫的身心、大脑。就这样，下面这位署名“一叶”的老师的留言映入了我的眼帘——



### 是谁折断了教师的翅膀？

老师：

您好！

我是一名普通的小学教师，很高兴在这次培训时一睹您的风采，您的言谈举止、独特的教学理念给我留下了很深的印象。为此，很想向您倾诉在我们学校一直让我感到苦恼的事情——

**分数是衡量我们教师工作的唯一标准吗？**

作为一名普通的一线教师，我真实地感受到分数对我们的重要性，但是我们又有什么办法不去在乎这个可怕的衡量标准呢？

我所在的学校是我市的一所实验学校，一直处于我市的教学工作的前列。这些年来的课改工作，我校也一直走在其他学校的前面。为此，我们学校有很好的生源，每个班达到70人左右，且每年不断扩班，数千元的借读费在我们这个小城市可不是个小数目，但家长仍心甘情愿地把这部分资金投入我们学校。

但是，突然发生了一件事：上学期的一次统考一下子把我们推向了万丈深渊——统考成绩很不理想。是生源的问题？是大班额的问题？还是我们教师的能力问题？这一次对我们学校可谓一次致命的打击。为此，学校和当年一样“一夜成名”：教育局局长在大会小会上都拿我们学校说事，校长总在三天两头的教职工大会上拉长脸……好像一切的一切都是我们教师的错。仅仅是一次统考排名，就全盘否定了我们所付出的一切。期末，上级分配下来的评选、推荐“优秀教师”的名额，我们这么大的一所学校竟然就只有一个！而这仅有的一个名额，理所当然地给了我们这次统考中成绩最好的那位老师……

没办法，我们教师在大会小会上领导们的一再强调下，强制自己把多年以来好不容易转变过来的教学理念进行了“回归”，我们又回到了以前的应试教育上。一切正在进行的课改实验被迫停止（我的一个实验已经进行了三个学期，刚刚有了一点头绪），全身心地投入到所谓提高“教学成绩”（考试分数）上来。学校把统考的科目都以各种名义开设了辅导班，班主任以参加辅导的人数多少拿提成，如果哪个班参加辅导班的人数少，就会在大会上被点名批评（唉，我想哭！）。老师对学生再没有了那种平心静气、和蔼、关爱的指导，而是视那些需要特别关爱的孩子为一种障碍……

悲哀！

在参加培训期间，我产生了一种深深的期待：让那些局长、校长们也来接受一次课改培训多好！**如能给我们一线教师一片自由成长的空间多好！**

我读完后，感到很沉重，很压抑。我竟不知说什么才好！中国的基础教育沦落至此，真的到了需要我们发出最后的呐喊以及拿出最大的改革勇气和实际行动的时候了！不是吗？

我感谢这位老师对我的信任，但是，作为一介书生，这一刻，我又真正感到了自己力量的渺小！但是，我还是要坚持说，中国的教育不可能永远这样下去！于是，我敲击键盘，向这位苦苦挣扎的素不相识的老师，做了如下回复——

**致“一叶”老师**

看了您发来的这则留言，我感到很沉重，很压抑。当教育完全被急功近利所操控，我不知还能说些什么。其实，很多时候，面对现实，我也有一种在泥沼中苦苦挣扎的感觉，但我总还怀有一点点冀望：这样的状况真的没有终结的时候吗？在培训时，我曾坦率地自嘲：百无一用是书生。我能做的也许只有以未泯的良知发出几声呐喊吧——尽管我知道自己的声音是微弱的、微不足道的。

虽然我内心很焦灼，但我还是要对您说：相信事情总会慢慢好起来的！同时，我也对我们的教育界有那样的所谓“局长”感到深深地悲哀——尽管我知道他也有他的所谓“苦衷”……

这些年，时常有一些基层的老师出于信任，如“一叶”老师那般向我倾诉他们生存的窘境，以及试图投身教育改革却又往往因种种羁绊而无能为力的两难心境。面对他们的困惑、倾诉，我只能给予宽慰、鼓励，试图努力保存住他们心中那团未泯的希望之火，但自己的内心隐隐感到一丝悲凉。这一刻，我真正感到了自己力量的渺小！

但是，我还是要问，中国的教育难道真的就永远这样继续下去吗？

——不，不能啊！

**教育本该是充满着希望和温暖的事业，但是，如果连身处其中的教师都时常感到希望渺茫、温暖不再，那又如何让我们的孩子能真切体味到未来的“希望”呢？……**

# 生命是教育的全部

## 01

在教育的家族里，“基础教育”历来是格外引人注目的。因为，所谓“基础”，即事物发展的根本或起点。所谓“基础教育”，也就是为人的未来发展、终身发展而奠基的教育。

那么，基础教育的基本功能是什么？国际 21 世纪教育委员会在向联合国教科文组织提交的报告《教育——财富蕴藏其中：国际 21 世纪教育委员会报告》中指出：“基础教育是必不可少的‘走向生活的通行证’，它使享受这一教育的人能够选择自己将要从事的职业，参与建设集体的未来和继续学习。”① 它“提供一种适合于所有人的教育，它既能使人们为今后的学习打下坚实的基础，也能使人们获得积极参加社会生

① 联合国教科文组织总部中文科译，《教育——财富蕴藏其中：国际 21 世纪教育委员会报告》，教育科学出版社 1996 年版，第 109 页。

活的基本能力”①。当然，不能遗忘的是，它更应当为每一个受教育的人的灵魂深处能够生长出一种高洁的生命精神与情怀，而源源不断地注入健康的发育胚基。

简言之，着眼于未来的基础教育所承载的重要使命，应当是根据现代化社会发展的需求，全力为培养“现代化的人”而发挥重要的奠基作用。

——这一点，难道还有什么值得怀疑的吗？

不过我也知道，这些年，在中国的基础教育研究界，一直都没有停止对“素质教育”的议论、争执。那么，素质教育的本质究竟是什么呢？

我想，我们可否这样来理解其本质内涵——**所谓素质教育，就是以人的全面发展为本的教育，就是旨在使我们的教育回归其自然的生命原点的教育**。换言之，亦即回归教育本义的教育。它对于个体生命而言，就是要促进生命整体的和谐发展；对于社会而言，就是努力培养适应现代文明社会发展所需要的“现代公民”。

我欣赏这样一种观点：**“没有什么‘素质教育’与‘应试教育’之分，有的只是‘人的教育’与‘非人的教育’之分。”**

那么，在现实中，我们的教育究竟出了什么问题呢？

听听有人发出的一连串诘问——

每天工作需要耗费 16 个小时以上，才换来所谓好的“教学成绩”，这是一名合格的教师应有的行为吗？

学生靠着每天不足 7 个小时的睡眠时间而换来所谓好的

① 联合国教科文组织总部中文科译，《教育——财富蕴藏其中：国际 21 世纪教育委员会报告》，教育科学出版社 1996 年版，第 110 页。

"学习成绩"，这样获得的"成绩"值得赞赏吗？

为了提高所谓的"教学成绩"，每个月只允许师生休息一次的学校，还是正常的学校吗？

凭借拼命地加班加点干出的所谓"高考好成绩"，真的值得骄傲吗？

绞尽脑汁采取非常手段而换来的所谓"高升学率"的名声，与完全凭实力而取得的实实在在的升学率（可能不如前者高），究竟哪一个更值得我们尊敬呢？

……

对此，我们不禁要问：

这些行为和现象是正常的吗？

从学校的办学思想和管理思路上来看，究竟是哪里出了问题？

从教师队伍的专业素养和课堂教学角度来看，这些意味着该反思什么？

从行政部门对学校教育的评价角度来看，是否也有值得检讨的地方？

这些现象真的是不可避免、无法消除了吗？换言之，所谓实施素质教育，关键究竟在哪里呢？……

## 02

有这样一种论调：学校要实施素质教育和进行课程改革，必须拥有相当完备的教育资源和设施，不然根本无法推行。这话听上去似乎颇有道理，但事实果真如此吗？

我曾深度造访过地处山东省沂蒙山区腹地的一所偏僻的农村希望小学——临朐县沂山镇海尔希望小学。这是一所典型的山区农村小学。在其貌不扬的小小校园里，一草一木都被独具慧眼的老师们视为珍贵的课程资源，成功地被开发成了孩子们兴致勃勃、乐此不疲地进行探索研究的对象……

在这里，师生们把家乡沂山上具有代表性的植物移栽到校园中，建成了植物园、花卉园、果树园、中草药园等各具特色的主题实践活动园圃；他们还将家乡的整座沂山地貌在校园中微缩复现出来，让孩子们全面认识和了解自己家乡的山山水水、风土习俗，尝试设计、描绘家乡建设发展的美好蓝图。

在这里，老师指导孩子们以自家田地里废弃的麦秸、玉米皮为原料，动手制作出了千姿百态、惟妙惟肖的工艺品；以一片片树叶、一粒粒粮食为原料，创作出了拙朴可爱、充满童趣的“树叶画”和“粮食画”；他们甚至把一片片铅笔屑都当成了“宝贝”，废物利用，粘贴成了巧夺天工的精美的“铅笔屑画”。



在这里，孩子们在老师的指导下组建了不同的社团和探究小组，开展对家乡沂山的植被、动物、矿藏和历史遗迹等的保护研究，进行关于家乡的交通、旅游、农产、民俗等方面的调查研究；他们还深入到自己的村庄里，调查农村常见的“三堆”（柴草堆、垃圾堆、粪堆）问题，并与村里的大人们一起探讨如何清除“三堆”，变废为宝，建设更加洁净环保、美丽清新的家园……

总之，在这所山区小学的校长和老师们的眼里，一草一木都是可以被开发利用的宝贵的课程资源，每一个场所、每一个物件都蕴含着富有价值的可以发掘的教育元素。

在教学实践中，这所学校的老师们还发现：小学综合实践活动课程和科学课程、品德与社会课程以及环境教育、安全教育等地方课程的内容的重复率高达40%~60%。为此，他们创造性地开展了对课程整合的大胆探索。在深入研究课程标准与教科书的基础上，他们重新编订课程总目标与内容，开发出了“主题课程指导纲要”，并按年级和学期开发出了“学生活动资源包”，形成了独具特色的生活探究主题课程。他们围绕着亲近自然、了解社会、认识自我等方面组织主题学习活动，每一个活动主题都以“解释问题—制订方案—亲历实践—交流分享”的步骤展开。对于身边的一草一木，他们都引导孩子们从数学的角度统计它、从文学的角度描写它、从艺术的角度创造它、从科学的角度研究它……从而使原本各自分离的不同的学科知识在这种主题探究学习的过程中形成了一个有机的整体。不仅如此，他们还逐步探索出了“主题生成课”“方法指导课”“实践探究课”“展示交流课”和“动手操作课”等一系列新的课堂形态。这一切，都使孩子们的学习状态发生了根本性的改变，教师的专业成长也取得了很大进步，学校内涵由此得到了提升。



我国一位著名的课程研究专家在实地考察了海尔希望小学的课改探索成果后，惊喜不已，连连称赞道：“这是我亲身经历过的最激动人心的课程改革故事之一。”[①]

那么，这所地处山区的农村希望小学何以会成为令课程研究专家激动不已的课改典型？相反，另外一些拥有的办学条件和课程资源不知要比这所山区小学好过多少倍的学校却为何总是原地踏步、踟蹰不前呢？说到底，这所山区小学之所以能做到这一切，最重要的一点就是这所学校的校长和老师们课程意识的觉醒和主动进取意识的觉醒！正如时任这所学校领头人的那位年轻校长所说的：“山里的孩子也应像城里的孩子一样，

① 张华，《综合实践活动课程的魅力》，载《基础教育课程》2012 年 4 月（总第 100 期）。

能按照自己的个性自由和谐地发展。我们只能为实现目标想办法，不能为实现不了目标找借口。大山阻碍了农村经济的发展，大山不也馈赠给我们丰厚的课程资源吗？”①

可见，素质教育也罢，课程改革也好，在很多时候，事情可能都并不是取决于所谓的“条件制约”而“不可为”，说到底，根源往往还是在于一所学校（或一个区域）的管理者是不是发自内心的愿意去“作为”吧！——或者说，这将在很大程度上取决于我们是不是发自内心地认同这样一种理念：想方设法促进学生生命整体不断获得进步与发展，是每一所学校都不容推诿的重要责任！……

## 03

所以，当教育处于一个功利、浮躁的时期亦日渐变得愈来愈浮躁的时候，作为一名教育工作者，能否坚守住教育的精神家园，也便日渐显得愈发重要了。

面对当下社会生活中出现的大量精神迷失和道德滑坡的现实事例，我们不禁要大声地发问：教育究竟是为了什么？教育究竟应重视什么？……当我们片面化地津津乐道于各种所谓知识传授的“业绩”时，不要忘了，教育是人的教育啊！而人的教育绝不仅仅是单一的知识与技能的教育，更为重要的应当是精神层面的教育。我们的学校教育一旦缺少了对人的精神世界的关注，缺少了对一个个成长中的精神生命的引领，就会变成失去灵魂的不完整的教育！而不完整的教育所衍生的苦果必将是教育出人格有缺陷的不完整的畸形人。

① 韩相福，《让山里孩子享受新课程的阳光》，载《基础教育课程》2012年8月（总第104期）。

面对当今时代发展的新挑战，作为背负着民族未来命运的教育工作者，我们是否该想一想应当以怎样的行动来续写自己的“校史”或“一个人的教育实践史”呢？

让教育回归其本义，难道我们还有什么理由来拒绝吗？

在这里，让我们不妨再来重温一遍古人的那句著名忠告——

**“生于忧患，死于安乐。”**

# 题2　修为

气质是一个人内在文化涵养的自然流露。作为一名教育者，自觉加强文化修为，使自己拥有素朴、高洁、温润的精神气质和对生灵万物的悲悯情怀，既是一种境界，更是一种必需。

# 修为是一种必需

## 01

我曾无数次沉湎于黎巴嫩诗人纪伯伦笔下那些隽永而充满哲理的诗句之中而不能自拔。尤其是在这位被看作与泰戈尔比肩的20世纪的东方文学大师的诗章中，其对自我灵魂的检视之严苛常常让我感喟不已，并从中真切感受到自己潜意识里隐藏着的一种莫名的自以为是的自大感、狂傲感是多么幼稚与可笑。请看，纪伯伦先生在其名作《沙与沫》中曾如此毫不留情地鞭挞和嘲讽自己——

曾有七次我鄙视了自己的灵魂：

第一次是在她可以上升而却谦让的时候。

第二次是我看见她在瘸者面前跛行的时候。

第三次是让她选择难易，而她选了易的时候。

第四次是她做错了事，却安慰自己说别人也同样做错了事。

第五次是她容忍了软弱，而把她的忍受称为坚强。

第六次是当她轻蔑一个丑恶的容颜的时候，却不知道那是她自己的面具中之一。

第七次是当她唱一首颂歌的时候，自己相信这是一种美德。①

---

① ［黎巴嫩］纪伯伦著，冰心译，《先知·沙与沫》，湖南人民出版社1984年版，第87页。

每每读到这些诗句，我总不禁下意识地在想：我是否也如此“鄙视”过自己的灵魂？且不要说七次，有过一次吗？没有。

那么，为什么对自己的灵魂的检视与反省，我居然连一次也没有做过呢？

与此同时，现实则又一再迫使我不断追问自己这样一些老问题：所谓人的素质是什么？教养是什么？一个受过教育的人的文明修为究竟该表现在哪些方面呢？……

而我们这些被人们恭称为“教育工作者”的人，自身的修养又如何呢？我们果真都可以毫无愧色地被人们尊称为“文化人”或“知识分子”吗？我们真的很清楚自己的根本职责是什么吗？

## 02



如果让我们盘点一下这些年的社会奇闻或热点话题，那么，2007 年的这则《爬上华尔街铜牛拍照　内地游客“比牛还牛”》的新闻，应当能够入选。我们不妨一起再来回顾一下——

网上最近流传多张有关一群内地游客在纽约华尔街骑上著名铜牛雕塑的照片，旁若无人的粗鲁动作，令在场老外为之侧目。

报道称，北京电视台某位女主持人最近到纽约旅游，在华尔街偶遇一群内地游客，他们在著名铜牛雕塑前做出种种不文明的举动，令老外摇头围观看热闹，有些老外则绕道而行。主持人特拍下此“奇观”张贴到其博客上，引来有关内地游客素质的讨论。

游客到华尔街，喜欢在铜牛前拍照，希望沾点“牛”气，而这一群内地游客却争先恐后地翻身爬上铜牛摆“pose”，连女士也不甘后人，骑到牛头上拍照。由于该铜牛颇高，一个人不容易爬到铜牛身上，因此需要有人在下面推一把才能够成功爬上去，场面颇为搞笑。

在场老外看到这么一群人翻身上牛，纷纷摇头，有人用英语问：“你是中国人还是日本人?”这批人中的其中一名还很自豪地回答：“我是中国人!”更有意思的是，一群人还对其中一位看起来像是领导的游客喊：“领导，你快骑上去啊，那样你就比牛还牛了!”

……

由于这群内地游客兴致很高，一个个拍照拍得不亦乐乎，其他来自世界各地的游客只好绕到后面和牛屁股合影。①

对于此事，网友们争论得不亦乐乎，更有人贴出了其他一些外国人也骑在这尊铜牛背上的照片，以此“义愤填膺”地证明这是普遍现象，并不值得我们大惊小怪，我们国人的素质并不差，云云。老实说，看到类似这般自欺欺人的言论，我真的感到有些讶然和哑然。我们为什么总是不能直面自身确实存在的丑陋的一面呢？如此就真的能够维护得住我们的“面子”吗？展示出几张外国游客也在“骑牛”的照片，我们就可以为自己文明教养的缺失而心安理得了吗？这不正是纪伯伦在《沙与沫》一诗中所讽刺和鄙视的那种丑陋的行为吗？——明明是自己做错了事，“却安慰自己说别人也同样做错了事”！

——可笑！可叹！可怜！可悲！

多年前，我曾偶然看到这样一句话：**“一个不敢也不愿直**

① 参见2007年11月19日中国新闻网报道，转自http：//news. sina. com. cn/o/2007－11－19/145812930336s. shtml。引入内容有改动。

**面自身的民族，是一个没有希望的民族。**”我对此话非常欣赏。记得当时我在感慨之余，还在其后面又狗尾续貂地加上了这么一句：

同样，**一个从来不敢或不愿直面自我的人，肯定也是一个不会有出息的人！**

关于“骑牛”事件，也许真的像某些人所辩解的那样，只是一种个别现象。但是，放眼我们身边，诸如此类的现象还少吗？作家梁晓声先生多年前所写的下面这段亲身经历，则让我深有触动，进而做了更深入的思考和反省——

## 文明的尺度（节选）[①]

20世纪80年代，我曾和林斤澜、柳溪两位老作家访法。有一个风雨天，我们所乘的汽车驶在乡间道路上。在我们前边有一辆汽车，从车后窗可以看清，车中显然是一家人。丈夫开车，旁边是妻子，后座是两个小女儿。

他们的车轮扬起的尘土，一阵阵落在我们的车前窗上。而且，那条曲折的乡间道路没法超车。终于到了一个足以超车的拐弯处，前边的车停住了。

开车的丈夫下了车，向我们的车走来。为我们开车的是法国外交部的一名翻译，法国青年。于是他摇下车窗，用法语跟对方说了半天。后来，我们的车开到前边去了。

我问翻译：“你们说了些什么？”

他说，对方坚持让他将车开到前边去。

我挺奇怪，问为什么。

他说，对方认为，自己的车始终开在前边，对我们太不公



① 梁晓声著，《未死的沙威——梁晓声随笔新作》，上海三联书店2006年版，第102～104页。

平。对方说，自己的车始终开在前边，自己根本没法儿开得心安理得。

而我，默默地，想到了那位法国父亲的两个小女儿。她们必定从父亲身上受到了一种教育，那就是——某些明显有利于自己的事，并不一定真的是天经地义之事。

隔日，我们的车在路上撞着了一只农家犬。是的，只不过是“碰”了那犬一下。只不过它叫着跑开时，一条后腿稍微有那么一点儿瘸，稍微而已。法国青年却将车停下了，去找养那只犬的人家，十几分钟后回来，说没找到。半小时后，我们决定在一个小镇的快餐店吃午饭，那法国青年说他还是得开车回去找一下，要不他心里很别扭。是的，他当时就是用汉语说了“心里很别扭”五个字。而我，出于一种了解的念头，决定陪他去找。终于找到了养那条犬的农家，而那条犬已经若无其事了。于是郑重道歉，于是主动留下名片、车牌号、驾照号码……回来时，他心里不“别扭”了。接下来的一路，又有说有笑了。



我想，**文明一定不是要刻意做给别人看的一件事情。它应该首先成为使自己愉快并且自然而然的一件事情**。正如那位带着全家人旅行的父亲，不那么做，就没法儿“心安理得”；正如我们的翻译，不那么做就“心里很别扭”。

……

我们几乎天天离不开肥皂，但“肥皂”反而是我们说得最少的词之一；“文明”这个词我们已说得太多，乃因为它还没成为我们生活内容里自然而然的事情。

这需要中国有许多父亲，像那位法国父亲一样自然而然地体现某些言行……

我必须声明：我从来就不是一个认为“凡是月亮都一定是外国的圆”的人。但是，对比上面的短文所揭示的现象，难道我们还能再为前面谈及的我们“骑牛”的“壮举”而沾沾自喜或者继续辩解些什么吗？难道这样的人就不觉得再做任何辩解都是苍白的、可笑的吗？

是啊，这里有一个“文明的尺度”啊！

我们每个人都该好好问一问自己：在我们的心中，是否都有一个“文明的尺度”呢？而如我一样从事教育事业的人，有没有想过自己应该为“文明的尺度”做一些什么呢？不是吗？君不见，有些中学乃至高校为了争夺优秀生源而不惜撕破脸皮，一而再，再而三地大打“口水仗”吗？可是，当我们如此而为时，可曾想到，这些行为会在孩子们的心中投射和铭刻下怎样的印记呢？如此，当我们再在课堂上向他们夸夸其谈些什么价值观、人生观，什么“文明的尺度”云云时，是不是就连我们自己也会觉得极端可笑、极端滑稽与底气不足呢？……



我们是该认真想一想：文明是什么？素质是什么？教养是什么？教育又究竟是什么？——哦，不，不仅仅是想一想，恐怕是到了需要我们的学校在一味地热衷于比拼升学率之余，也在培育和提升孩子们的文明素养方面比拼一下的时候了……

也许有人会对此反驳：升学才是硬道理！一旦影响了升学率，说什么都没用……

是的，我也承认，这就是现实。可是，当我们都这样理直气壮地相互推诿，都这样与己无关地相互观望，都这样面无愧色地相互扯皮时，我们这个历史文化源远流长的民族的后来者，是不是就会离文明渐行渐远了呢？我们一向号称是文明古国、礼仪之邦，可是，今天当我们面对着诸如“骑牛”般的

“壮举”而再谈到这两个词汇的时候，作为这个拥有着悠久文明传统的民族和古老国度的子孙，就真的不感到汗颜，不感到脸红吗？……

我知道，我的话又有些尖刻了，可是，事实难道不就是如此吗？

## 03

我至今仍清晰地记得2011年3月在日本东北部海域发生里氏9.0级地震后的一幕。从电视中看到，地震后人们到外边街道躲避时，全部都是自觉地站在道路中间的绿化带内，而两侧空旷的行车路上没有一人抢占，秩序井然……

2015年11月中旬，我又在网上看到了这样一则新闻：11月16日上午，日本东京JR东海道线先后发生有人落轨及停电意外，导致有4列火车无法行驶，15万名上班族受到影响。这期间，有5000多名乘客因为赶着上班或上学，遂下车沿着铁道线徒步行走了20多分钟前往邻近车站。从现场有人拍到的一段视频来看，这5000多名步行的乘客秩序井然，他们自觉排成“一”字纵队，依次整齐地在铁轨上鱼贯前行，毫无拥挤、混乱现象。铁路服务员们则在队伍旁边不断鞠躬，向乘客道歉。

我从来就不是一个“哈日族”，也绝非妄自菲薄之徒，但日本国民无论是在发生大地震后，还是在遭遇类似上面所举的铁路停电等意外之后，在他们身上所表现出来的那种镇定、自律、守序等文明品质，不能不让我这个从事教育工作的人思绪万千：在我们当下的社会中，为什么冲破道德和秩序文明底线的人和事，会在我们的眼前一而再，再而三地不断出现？为什么很多人如今甚至不愿或不敢再去扶路上摔倒的老人？我们的教育（不仅是学校的，也包括社会的）在培育现代社会公民的文明素养方面，为什么总是不见大的起色呢？……

仅就学校教育而言，对比上面所举日本国民的表现，我们的教育重心应该放在哪里已是不言自明的了。然而，我们为数不少的中小学依然习惯于把目光聚集在比拼升学率上。可是，**就算你的升学率超高，但你的学生不懂文明，那么，你即便赢得了血拼升学的“王冠”又如何呢？因为，在你手里，为此而赔上的很可能是我们整个民族的未来啊！**

爱默生——这位曾被美国历史上“最伟大的总统”之一的林肯称作“美国的孔子”和“美国精神的先知”的19世纪的美国著名思想家，在其《生活的准则》一书中谈到“修养”这个话题时，开篇第一句话是这样写的：

“如今，修养是一个雄心勃勃的字眼。”①



老实说，当我初次读到他的这个毫不含糊的鲜明观点时，我真的是有些不知所以然。我不明白，他为什么会用“雄心勃勃”这个词汇。接下来，他又写道：“当全世界都在追求力量，追求作为力量手段的财富时，修养修正了成功的理论。”②那么，他为什么会这样讲呢？

是的，对于他的这些论述，我曾经确实是有些搞不懂，而现在我似乎开始有点明白了……

---

① ［美］爱默生著，梁志坚译，《生活的准则》，四川文艺出版社2014年版，第95页。

② ［美］爱默生著，梁志坚译，《生活的准则》，四川文艺出版社2014年版，第95~96页。

# 教养从何处体现

## 01

一个人所拥有的教养水平有多高，主要从哪儿看出来呢？这是我与一位朋友聊天时，随口向他提出的一个问题。

“细节。”朋友不假思索地回答，“应该看他的每一个不经意间的行为细节。”

接着，他便向我讲起了他与一批中学校长到美国访学交流时，亲身遇到的一件事——

访美期间，他们的司机兼导游是一位年龄已近花甲之年的华裔老先生。由于访问日程安排得比较紧张，他们差不多每天都是早晨六点多便从住处出发，到大学、中学听美方校长或专家的介绍与讲座，进课堂现场观摩，与美方师生举行座谈对话……往往都是到晚上八九点才能回到住处。一天下来，确实非常疲劳。而那位司机兼导游一直陪伴着他们深入学校考察，处理各种杂务，联系落实行程等，跑前跑后，不厌其烦地将访问团的全部后勤事务包揽于一身，以至于他根本就没有片刻休息的时间。可是，无论多么劳累，他每天在陪着校长们紧张地奔波了一整天，送他们返回住处停稳车后，总是抢先一步下车守在车门边，然后向每一位走下车的访问团的成员都轻轻道一声：“您辛苦了。明天见！”并且向每人恭敬地鞠上一躬。据朋友说，他们在美国访问交流二十多天，这位老先生天天如此。

或许这真的是一个微不足道的小小的细节，或许他天天如此，已经让访问团的校长们习以为常、熟视无睹了，以至于我的朋友发现：对于老先生每天守在车旁问候行礼的举止，校长们居然鲜有注意到的，更鲜有能礼貌回礼致意、表示感谢的。这种鲜明的对照，直让我的朋友忍不住大发感慨，他说："我无意于指责和苛求这些校长的表现，可是，他们都是校长啊！如果作为一校之长都是这样的素质，那么，我们的学校整天宣传的所谓'素质教育'成果，究竟'教育'的都是些什么'素质'呢？我对他们所宣扬的'成果'有理由表示怀疑。因为，在我看来，这些校长似乎连最起码的礼貌、尊重都不懂，那么，又怎能指望他们在自己的学校里会重视学生的文明素质的培育？又怎能给那些正在他们的学校里接受教育的孩子打下一个文明修养的底子呢？"

听朋友讲完上面这段经历，尤其是面对他最后所发出的一连串质问，我感到无言以对。我不得不承认，朋友的犀利质问是戳到我们当下学校教育的一个要害问题上了。



作家蔡澜在其《教养》一文中这样说道：**"教养这东西，人家都以为要出身名门才能拥有。其实这是一种常识，只要稍加注意都可学到，和你的出身没有关系。"**他强调："教养这东西是自发的，自己肯学一定能学会，并非高科技。"

是的，我曾看到一篇名为《所谓教养就是细节》的短文，其中就列举了许多关于教养在生活中的种种细微表现，让人不能不躬身自省。且看——

●别人给你倒水时，要用手扶扶杯子，以示礼貌。

●吃饭不吧唧嘴，不翻菜，不剩米粒。吃完饭退席时要说："我吃完了，你们慢用。"

●盛饭或端茶给别人时，一定要用双手。如果中间隔了人，不要从别人面前经过递，而要从别人后面绕过递。

●最后一个进门要记得随手关门。

●洗了手不要随意甩手，水会甩到别人身上，很不礼貌。

●听别人说话的时候，眼神不要游移，否则会显得很没礼貌。

●吃饭的时候尽量不要发出声音，即使是热汤也不要喝出声来。

●擦桌子的时候要往自己的方向擦。

●打电话、接电话的第一句话一定要说“您好”；挂电话的时候，如果对方是长辈，要等对方先挂了你再挂。

●不随地吐痰、扔东西，如果没有垃圾箱，就拎回家扔到垃圾桶里。

●如果是弹簧门，不管是拉还是推，请先出后进。如果身后有人，应主动把门扶好，防止门弹回拍到别人。别人为自己开门，一定要说“谢谢”。

……

也许有人会很不以为意：上面所列的都是些根本不值一提的“鸡毛蒜皮”的生活“小节”呀！它们能与那个一提起来就会让人不禁肃然起敬的“教养”一词连在一起吗？

回答是肯定的。

著名画家陈丹青先生在一次演讲中，曾讲述他在罗马游历时的一段看似微不足道，却又很耐人寻味的尴尬经历——

陈丹青先生很喜欢逛古董店，他在罗马旅游时找到了两条专卖古董的大街，于是便兴致勃勃地一家一家进去看。其中有一家，他进去后便只顾径自埋头欣赏货架上摆放着的那些琳琅满目的小雕塑、小文物，直到差不多全都看完之后才转过脸来向店主人问价钱。可他连续问了几件，那位很有风度的店主人都说不卖。陈丹青感到不理解，便问：“为什么不卖呢？”那位老先生说道："这是我的店，你进来了，不跟我打招呼，就在那里看，然后问我卖不卖，我不卖。"陈丹青说，自己平时很少脸红，可当时听了店主人的那番话后，顿时感到脸上火辣辣的，非常难为情。

在讲述了这段亲身经历后，陈丹青先生很感慨地说了这么一番话："小时候、年轻时不礼貌、调皮，甚至粗鄙，情有可原……可如今岁数大了……不经意间，小时候那种没教养，那种粗鄙的人格，就暴露出来了。这位老人把我点醒了！非常小的一件事情。可是**所谓教养、所谓礼貌，全看小事情**……"

陈丹青先生所讲述的这个小故事，让我不禁想起了那句大家耳熟能详的名言：细节决定成败。是啊，就一个人的教养而言，又何尝不是由这样的一个个看似微不足道的生活行为细节所累积铸就的呢？正是它们，点点滴滴，集腋成裘，从而构成了一个人所拥有的"教养"的全部！所以，我认为，一个人的行为细节乃是考量这个人的教养水准的最重要的标杆与尺度！



现在，让我们把对"教养"这个话题的谈论再转到教育上来吧。我们都知道这样一个基本的道理：教育是一个潜移默化的陶冶过程。也正因为如此，所以人们才会相信"有什么样的教师，在很大程度上也就决定了会有什么样的学生"的说法。换言之，如果我们想培养出有教养的孩子，也就意味着无论是教师，还是孩子的家长，首先需要做的并不是考虑如何培养孩子的问题，而是应当问一问自己是不是有教养！这正像一句老话所讲的：打铁先要自身硬。或者说：欲育人者先自育。所以，作为以教育为业的人，其实我们日复一日所做的，并不仅仅是在教授各个学科那些有形的知识之"书"。作为与孩子们朝夕相处、生活在一起的教师，其实我们每个人本身就是孩子们每天都在反复阅读和悄悄模仿的关乎他们的人生、关乎他们的未来——尤其是关乎他们的教养的最为重要的活的“教科书”啊！

在我看来，我们常说的教师能否做到“为人师表”，其实说到底，在很大程度上就是指教师在行动上能否体现出较高的文明素养。而教师自身的“教养”水平如何，同样也是具体体现于他在日常生活中的每一个细小行为上的，同样也是必须要从每一个细节做起的。一位教师如果真的有教养，那么，他的文明行为就绝不能仅仅是在孩子们面前时才会刻意地装扮出来，它更应当是内隐和根植于自己内心深处的一种意念、一种自律、一种修行！——哪怕是在没有人注意、没有人监督自己的时候，也依然能够让自己的每一个行为细节都自觉自然地保持着一种高贵而温润的儒雅之气！

古人有言：“勿以恶小而为之，勿以善小而不为。”此话不也可以用在这里吗？



## 02

近年来，部分国人缺乏教养、言行举止不文明的事情，我们听到、看到的实在是太多了。2013 年 5 月，一位网友在其微博上发了一张埃及卢克索神庙的浮雕被人刻上“丁某某到此一游”的照片和一段文字——

在埃及最难过的一刻。无地自容。我对埃及导游说：“实在对不起！”……我们试图用纸巾擦掉这羞耻，但很难擦干净，又不能用水，这是3500 年前的文物呀。

事实上，像这样的不文明行为和缺乏教养的事例绝非这一件。有媒体披露：我国的一些游客在旅游度假胜地马尔代夫擅自偷采海底受保护的珊瑚，事后还在网上毫无廉耻地大肆炫耀；在太平洋岛国帕劳向美得令人心醉的蔚蓝色海面上随手乱丢烟盒等垃圾；在泰国游览被当地人奉为圣地的一座座著名的神庙时，随意用脚踢古钟；等等。

部分国人的上述种种不文明、缺乏教养的举止，引发了一些相关国家媒体的谴责。甚至，不堪忍受我国少数游客不文明行为的著名的泰国清迈白庙，还一度将中国人列为不受欢迎的人，禁止其入内。由于部分中国游客的不文明行为引发泰国当地民众的抱怨，以至于泰国当局不得不曾在那年的春节期间中国游客涌入之际专门向他们发放礼仪手册。而这又使得泰国网友纷纷质问："他们国家难道不会教礼仪吗?"……

是啊，难道我们不懂礼仪、不会教礼仪吗？显然不是。我国是一个有着五千年悠久历史文明的古老的国家，素有源远流长的"重礼重教"的优良传统。可是，为什么这个以重"礼"而著称的文明古国的后人，如今却接二连三地做出了如此之多的令人匪夷所思的不文明行为呢？我们的文明修养、我们的传统美德都丢到哪儿去了呢？



作家毕淑敏曾在其《教养的证据》一文中这样写道："**什么叫教养呢？辞典上说是'文化和品德的修养'，但我更愿意理解为'因教育而养成的优良品质和习惯'**。"① 如此，就不能不再次说到我们的教育——包括社会教育、家庭教育和学校教育——当然，我这里着重要说的是学校教育。

文化学者鲍鹏山曾犀利痛斥："**今天，我们从中小学到大学的教育，更多的是在教知识、技术、专业，唯独缺少文化。我们培养了很多精致的利己主义者，很多高学历的**

---

① 毕淑敏著，《教养的关系花园》，生活书店出版有限公司 2015 年版，第 70 页。

**野蛮人**……”“没有知识可以被宽容，没有良知不可以被宽容。”①

不过，现实中的学校教育虽然不乏有意无意地忽视了对学生进行文明修养教育的遗憾之处，但让人重燃希望的是，如今已经有越来越多的学校开始注意回归教育的本义，并从学生行为养成的细微之处开始发力了。譬如，我曾造访过有着一百多年办学历史的天津新华中学。在这所有着“温良恭俭”文化传统的学校里，我在教学楼的走廊转角处，无意中看到了名为“高一阶段要养成的四个习惯”的学生守则——

第一个习惯是见到老师、客人要鞠躬问好；

第二个习惯是离开座位时要把椅子推进去；

第三个习惯是每天中午必须休息；

第四个习惯是每节课前要整理书桌，桌面上只放与本节课相关的物品，书箱内大本在下，小本在上，书本在右，文具在左……

他们还为此特别做了说明：第一个习惯为的是让学生学会彬彬有礼，保持学子本色；第二个习惯为的是让学生注重细节，形成良好素质；第三个习惯为的是让学生学会自律，懂得轻重缓急；第四个习惯为的是让学生学会有序做事，增强条理性。而他们这种从细微之处施以潜移默化的教育的效果是显而易见的：我在这所学校考察期间，无论是在楼道走廊，还是在校园内随意漫步，遇见的每一个学生都会向我这个陌生人彬彬有礼地鞠躬致意，并轻轻问候一声“您好”。

① 鲍鹏山，《知识就是力量，良知才是方向》，载2015年4月3日《解放日报》第16版。

令人欣喜的是，这样的例子现在越来越多了。2015 年 4 月 29 日，《人民日报》官方微博转发了一条“上海少年地铁内呕吐，用纸擦干净后下车”的报道：在上海地铁 9 号线，一男孩因身体不适不小心吐在车厢里。下车前，他和伙伴一起把呕吐物用纸巾擦拭干净后才离开。在两个小时内，这条微博就被网民点赞近 2 万次。网友们纷纷夸赞，这两个少年有教养，有公德心，值得学习，应该点赞！

让我欣喜的是，不仅是中小学，一些高等学校也已经开始有意识地为那些已成为青年人的大学生设法补上他们在既往的多年“应试”过程中，所遗忘和漏掉了的作为现代意义上的文明人本不应该缺少的最重要、最基本的“礼仪修养”的启蒙课。譬如，2015 年 10 月，华东交通大学制订了该校新的学生行为规范，并把这些规范纳入《学生手册》中。在这些行为规范中，包括了学生上课、用餐、行走坐立、言谈举止等行为的具体做法，如“会议或课程结束不喧哗，主动把椅子轻轻移至规定位置……”“乘坐电梯先下后上，进电梯靠墙……出电梯时用手挡下电梯门，让别人先出”，甚至还有“为女生拧松饮料瓶盖”“走路避开女生背包的一侧”等。这可真是细致入微，暖人心窝啊！

作家毕淑敏对于教育在培养人的文明修养方面所具有的力量一向是寄予厚望的。她曾这样说道：“一个人可以受过教育，但他依然是没有教养的。就像一个人可以不停地吃东西，但他的肠胃不吸收，竹篮打水一场空，还是骨瘦如柴，不过这话似乎不能反过来说——一个人没有受过系统的教育，他却能够很有教养。教养不是天生的。一个小孩子如果没有人教给他良好的习惯和有关的知识，他必定是愚昧和粗浅的。当然，这个‘教’是广义的，除了指入学经师，也包括家长的言传身教和环境的耳濡目染。”①

我觉得，毕淑敏在这里是向我们这些身处教育圈内的每一位同人以及作为孩子家长的每一位成年人，善意地提了一个醒儿：我们时常挂在嘴边的所谓“育人”或者“成才”，其实说到底，不就是使孩子们都能够成为知礼仪、懂廉耻的优雅的“文明人”，而不是空有一张学历证书，行为却粗鄙不堪、不懂礼仪的“野蛮人”吗？所以，虽然一些学校所制订的种种常识性行为规范本该在每个学生的幼童时期就应当掌握，但我依然要为他们这种看似“亡羊补牢”的“补课”努力和良苦用心而点个大大的赞！**因为，教人以文明、向善，予人以修养、气质，这才是教育的应有之义啊！**

我觉得毕淑敏的下面这句话是值得我们思考和铭记的：**“教养是衡量一个民族整体素质的一张X光片子。脸面上可以依靠化妆繁花似锦，但只有内在的健硕，才经得起冲刷和考验，才是力量的象征。”**②

所以，在我看来，作为承载着育人使命的我们这些教育工作者，确实有必要经常问一问自己：我们该不该先从自身做起，以“吾日三省吾身”的精神自觉检视、历练自身的言行，让自己由内而外地散发出一种“君子风范”，并有足够的勇气和自信向孩子们坦然地喊出一声：你想成为一位有教养、受人尊敬的人吗？那么，跟我学！

---

① 毕淑敏著，《教养的关系花园》，生活书店出版有限公司2015年版，第70～71页。

② 毕淑敏著，《教养的关系花园》，生活书店出版有限公司2015年版，第74页。

## 03

对于“教养”，我们绝不能将它理解为只是一种外在的、可以看得见的类似于“彬彬有礼”的风范，相反，它是一种内隐的、我们看不见却又能时时真切感受得到的无形的东西。网上有一篇题为《教养，就是要让别人舒服》的短文，读之让我生发出无限感慨。请看——

多年前，公共决策和企业管理博士余世维先生曾讲过一个案例。他说他有一个习惯，每次要离开酒店，他都会把床铺整理一下，把摊在桌面上的东西整理好，尽量把房间恢复成进来时的样子。这样进来清扫的阿姨会对住过的客人刮目相看。

也许客人和阿姨永远不会见面，阿姨高看这一眼也并不会对客人有什么影响，但这就是教养，在看不见的地方更显宝贵。

……

有一次跟同事一起搭飞机出差，吃完飞机餐，看见他把餐盒、纸杯、废弃物都一样一样整理好，铺平，然后把擦过手的餐巾纸摊开，均匀地盖在餐盘上，再交给空姐。我坐在邻座，瞬间觉得自己之前是多么粗鲁。垃圾本身不是美好的东西，但在丢弃时可以有教养。

看得见的教养是容易的。因为慑于群体的压力，但凡有些自觉力的人，都能发现自己跟文明的差距。在干净的环境里你不好意思乱丢垃圾；在安静的博物馆，你不敢高声喧哗；在有序的队伍中，你不好意思插队；在清洁的房间，你不会旁若无人地点燃香烟。所谓的教养，真实存在于环境感染力中。

难的是看不见的教养。在乌合之众中，谁能保持优雅和教养？在群体无意识中，谁能保持清醒和判断？在舍生取义的时刻，谁还能像一个绅士，把生的机会留给妇孺老人？这不是作秀和异类，这恰恰是最能体现教养作为品德的可贵之处。

更难的是那些“慎独”的教养。日本有一种文化，叫作“不给别人添麻烦”的文化。比如，不小心把水洒在了地铁座位上，即使下一站就要下车，也要想办法擦干净，这样下一位乘客就不会觉得麻烦。

虽然没擦可能也不会被人批评，虽然大部分时候并没有机会跟下一位乘客认识，但这种谨慎独处、保有敬畏的态度恰恰是最能考验真假教养的。

再比如之前说到的整理房间、清理餐盘和盖上餐巾纸，听起来都是细节小事，难就难在明知道没有“好处”还依然保持，这就比“被称赞的道德模范”好得多，也可持续得多。

教养不是道德规范，也不是小学生行为准则，其实也并不跟文化程度、社会发展、经济水平挂钩，它更是一种体谅，体谅别人的不容易，体谅别人的处境和习惯。

不因为自己让别人觉得不舒服，这就是教养的简单道理。



老实说，对于上文所谈的这种“看不见的教养”，在很长的一段时间里，我的感受是并不怎么真切和深刻的。直到后来的一次亲身经历，才让我对此开始刮目相看。

那是我初次到日本做走马观花般的旅行时的所见所闻。记得当时最让我印象深刻的景象，并不是诸如东京的现代化大都市的气派与熙攘繁华，反倒是来自极不起眼的僻静乡间。譬如，在我们到访过的位于富士山麓的山梨县忍野村一带，道路两旁不时可以看到当地农家所设的诸多简陋的土杂品小店铺、小摊位。而让我们感到匪夷所思的是，这些小店铺、小摊位居然都是无人照看的！店铺、摊位的主人将所出售的各种小商品标注上价格，便不知到哪儿去各忙各的事情去了。而过往的行人如果想购买这些店铺、摊位上摆放的商品，只需自己按照标注的价格将钱币投进摊位边上的纸箱里，然后直接取走商品就可以了……

我觉得，这其实就是主人向每一位顾客所进行的一个关乎诚信的小小“测试”，是在我们每个人面前所设立的关于品行修养自觉程度如何的“试金石”！

不是吗？

说到这儿，我忽然想起网上曾经热传的一位不知姓名的人士讲述的他在澳大利亚留学的侄儿所经历的一件事——

一个周末，侄儿随着一位在澳大利亚土生土长的华人去周边海域捕捞鱼虾。每撒下一网，总有收获，可是每次把网拉上来后，那位华人总要挑拣一番，将其中的大部分虾蟹扔回大海。

侄儿不解：“好不容易打上来，为啥扔回去？”那位华人平静地答道：“在澳大利亚，每个出海捕捞鱼虾的公民都知道，只有符合国家规定尺寸的鱼虾才可以捕捞。”

侄儿道：“可我们现在远离海岸，没有谁看得见，也没有谁来管你呀？”那位华人淡淡一笑：“待久了你就会知道，在这个国度，并不是什么都要靠别人来提醒、督促的！”

我觉得，这个故事真可谓一面镜子呀！那么，在这面镜子里，映照出的究竟是什么呢？

我油然想起了一个古老的词汇——“慎独”。

我国古代先贤大都非常重视“慎独”，即在独处或无人注意的时候，也能自觉约束自己的行为，举止谨慎，合乎礼仪，一丝不苟。由此来看，所谓“慎独”其实也是一个人的修为境界的重要体现。

我相信，很多时候，在有人监督的情况下，我们基本上都能做到举止得体、彬彬有礼，颇具谦谦君子风范；可是，在没有人监督的情况下，我们还能做到自律、自制、自谦，表里如一，不为一点小便宜而风度、节操尽失吗？——尤其是我们这些天天与孩子们朝夕相处的为人师者，更是需要不时地问一下自己：我能做到“慎独”吗？我能在这个喧嚣不已的世界中依然葆有初心，当面对各种世俗欲望的诱惑时，不需要别人提醒也能自觉检点自己的行为，做到心静如水，恪守“善”的本分吗？

一位教师如果真有教养，那么，他的文明行为就绝不能仅仅是在孩子们面前时才会刻意地装扮出来；其实更为重要的，应当是在没有人注意、没有人监督自己的时候，也依然能够做到表里如一，自觉自然地保持温文尔雅的行为举止和堪为师表的高贵气质！



我认为，这才是真教养，这才是为人师者应当拥有的一种修为境界。那么，我们拥有了吗？或者，我们意识到了吗？……

其实，我们谈论的一个人的所谓“教养”也罢，“修为”也好，如果换个说法，也就是很多人常常挂在嘴边的那句“这个人有没有文化”的意思。然而，一个真正可以称得上是“有文化、有教养”的人，到底应具备哪些品质呢？该怎样去衡量？

独立学者张荣寰在他的《文化论》一文中，曾将此概括成这样一句精辟的话：

**“对于个体的人来说，文化是植根于内心的修养，无须提醒的自觉，以约束为前提的自由，为别人着想的善良。”**

这真是一语中的啊！

是的，这就是我们所说的“教养”，这也就是我们所说的“修为”。当然，这也就是我们每个人——尤其是我们每一位为人师者，应当拥有的“文化”！

## 有知与无知

何为“有知”？何为“无知”？我觉得，对于人，尤其是对于一个从事教育工作的人来说，这真的是一个值得好好思量的问题。

是的，有那么一种人，他们非常在意别人是否将自己奉为“有知者”，于是，为了证明自己“有知”，他们便常常在人前引经据典，滔滔不绝地向人们炫耀自己是如何“学富五车，才高八斗”，一副无所不知、无所不晓的派头。然而，这就是“有知者”吗？

还记得希腊圣城德尔斐的阿波罗神庙前殿门口墙上那句著名的神谕吗？

——**“认识你自己。”**

说实话，我曾一度想不明白：古希腊人为什么要把这么一个看上去再平常不过的句子作为“神谕”钉在这座庄严的神殿门楣上，以郑重昭告世人呢？

毫无疑问，在古希腊，苏格拉底是雅典人公认的最有学问、最有智慧的人。每当有人以无比恭敬的口吻赞叹他学识渊博、无所不知，是一位最有智慧的人时，他却总是报之以淡淡一笑，郑重答道：“我比别人多知道的那一点，就是我知道自己是无知的！”

那么，苏格拉底这位被公认的西方思想文化巨人为何会做出如此谦恭的回答呢？

一位朋友向我讲过这样一件事情：在一次校长培训活动中，主持人邀请了当地教育行政部门的一位官员为参加培训的校长们做报告。主持人总结时客套地恭维这位官员是一位“懂政治的教育家”。孰料，这位官员并不买账，径自打断主持人的话公开宣称：“不，应当是懂教育的政治家！”……

听了这件事，我真的感到不知该说些什么好。我惊讶于只不过是区区一个地方教育行政部门的官员，居然会如此大言不惭地宣称自己是什么“政治家”。他的这种傲慢和自负从何而来？是不是有点膨胀得过头了呢？……

忽然又想起另一位好不容易弄了个什么“名师”头衔的教师，同样大言不惭、得意扬扬地讲过这样一句话：“如今，咱也是个‘人物’了！”对此，我想：即便你真的在自己的工作领域有那么一点小小的名气或成就，你就可以狂妄自大到目空一切的地步了吗？……

一个真正“有知”的人，尤其是以“育人”为己任的教育工作者，能是这样一副自大、浅薄的模样吗？

——我不认同。

其实，苏格拉底对此非常直率地表达过他的看法，他说：“我看来看去，发现那些名气最大的人恰恰是最愚蠢的，而那些不大受重视的人实际上倒比较智慧，比较好些……”①法国著名人文思想家蒙田也曾针对这种人毫不客气地痛斥：“这种自大狂只相信自己，是纪律和真理的大敌。”② 他还说：“人人

---

① ［古希腊］柏拉图，《申辩》，引自张法琨选编，《古希腊教育论著选》，人民教育出版社 2007 年第 2 版，第 30 页。

② ［法］蒙田，《论经验》，引自路乘慧、刘方译，《蒙田随笔全集》（下卷），译林出版社 1996 年版，第 354 页。

提醒自己认识自己，这会产生重大作用，因为那位知识和启蒙之神已经让人将此话钉在他庙宇的门楣上，他很明白他需要规劝我们的一切。”① 如果说“有知”与“无知”，实际上说的就是“智慧”与“愚蠢”，那么，柏拉图即曾明白无误地提示我们：所谓智慧，无非就是意味着遵行钉在德尔斐阿波罗神庙的那个“神谕”罢了。言外之意，反之则当然就是愚蠢的了。

不止如此，在谈及“认识自己”这个问题时，蒙田还曾进一步指出：“在自知之明这一难以捉摸的问题上，人人都感觉良好，既自信又满意，人人都自诩为内行，这说明人人都对此一窍不通……”②

老实说，直到我读了蒙田先生的这番妙论，我才终于有了一种恍然大悟之感，同时，也对那些声称自己“是个‘人物’了”以及“懂教育的政治家”之流的浅薄与可笑，有了更深一层的感触。事实上，阿波罗神庙门楣上的那句“神谕”，不就是在劝谕和告诫我们：许多时候，认识自己，或者认识真理，都是首先从认识自己的无知开始的啊！换言之，最有智慧的人——或者说**“有知”之人，必然都是自知其无知之人**，亦即是能够充分认识自己的不足的人啊！



作家王朔也说过这么一句大家耳熟能详的话：“无知者无畏。”如果我们把它反过来讲，也就是**“有知者”才会“有畏”**啊！是的，愈是真正“有知”的人，往往愈是谦卑，就像田地里那些熟透了的沉甸甸的稻谷穗儿，都是深深地、深深地低垂着自己的脑袋的；相反，那些长得趾高气扬、迎风招展的看上去颇为光鲜的稼禾，基本上都是些空壳无物的秕谷。

所以，我觉得，一个人要想真正成为一个“有知”之人，应

①② ［法］蒙田，《论经验》，引自路秉慧、刘方译，《蒙田随笔全集》（下卷），译林出版社 1996 年版，第 353 页。

当先学会认识自己！要知道，懂得自己，谦和低调，尊重他人，是一个人最起码的修为啊！古人不是亦云“人贵有自知之明”吗？那么，我们不妨也来问一问自己：我有“自知之明”吗？

在我看来，不论是像那位自认为是“懂教育的政治家”的教育行政官员们，还是如那位自我感觉已是个“人物”了的所谓“名师”们，如果真想让人发自内心地感到你真的“有知”，不妨学学苏格拉底，也能真诚地、谦卑地公开道一声：“我比别人多知道的那一点，就是我知道自己是无知的！”或者，也可以学学咱们本土的孔老夫子，谦逊地道一声：“吾有知乎哉？无知也。”

当然，我们还可以再聆听一下古希腊的另一位著名哲学家、犬儒学派创始人安提斯泰尼对自己的门徒们所说的那句同样有名的话：“喂，你们和我都去听苏格拉底讲话。在他那里我和你们一样是弟子。”

所以，当你自我感觉良好，志得意满，稍有几顶廉价的“桂冠”或者手里有了那么一点点权力便认为自己也是个“人物”了的时候，不妨认真想一想蒙田先生说过的另一句话：

**“我学习的唯一成果便是深感需要学习的东西还太多。”**①

是啊，山外有山，学无止境。咱们中国不是也有句老话，叫作“满招损，谦受益”吗？对于这句话，我想，我们是不是可以试着做这样的诠释：谦逊，是做人的一种境界、一种美德，同时也是一个人真正拥有自信与力量的体现。正如德国哲学家尼采所言：**“谦逊基于力量，高傲基于无能。”**

---

① ［法］蒙田，《论经验》，引自路秉慧、刘方译，《蒙田随笔全集》（下卷），译林出版社 1996 年版，第 354 页。

## 感恩的异化

说到美德，自然就不能不说说“感恩”这个热门话题了。

我想，大家肯定都会赞同这样一个观点：懂得感恩是做人的一种基本美德。然而，对于“感恩”，究竟该怎样去表达、去体现呢?

某地有一位教育行政官员大约为了显示自己是如何“亲民”，便在个人网络空间里发了一篇标榜自己“感恩”所有支持过他的人的帖子，或许是因为他那非同一般平民百姓的身份，这帖子很是赚得了一些天真的“粉丝”——尤其是感性的女“粉丝”们——感动得热泪盈眶，转帖追捧。我承认，一个人声言感恩，至少说明他是心存良知的，这无疑是值得赞赏的。但是，一个人是否真的怀有感恩之心，关键还是要看他的实际行动如何，而绝不只是看他在一些公开场合或媒体上是否说过一番冠冕堂皇的动人言辞。说得刻薄一点，莫非你还唯恐别人不知道自己“感恩”，而一定要亲自出马为自己大做“感恩广告”，务必要让天下人都知晓才罢休吗?

我坦率地说，对这样的有作秀之嫌的行为，我是颇不以为然的！因为，**感恩永远都是默默地“做”出来的，而绝不是高调地“说”出来的，更不是“喊”出来的。真正懂得感恩的人，从来不需要也不会刻意自我标榜感恩！**

或许正是由于受到我们身边一些类似善于为自己做“感恩广告”的“榜样”们的影响和“感召”，这些年，在我们的中小学教育界，莫名其妙地竞相刮起了一股“感恩秀”之风，且看：广东某中学要求初二学生在操场集体下跪，以示对父母的感恩之情；河南某学校组织250名学生在操场上向家长行跪拜礼、为家长洗脚；重庆某中学组织初二年级的300多名学生在操场上举行帮爷爷奶奶、爸爸妈妈洗脚的活动；湖北某中学500多名初一学生在老师的号令下，在操场上列开阵势，整齐划一地下跪，为被校方组织来的学生的妈妈们洗脚；上海某学校组织了800多名学生在操场上集体向父母下跪、磕头，据说那蔚为壮观的阵势，让现场的家长们一个个激动得热泪盈眶……

我承认，这些学校组织学生们进行的这种集体“下跪”“洗脚”之类的活动，初衷都是好的——培养孩子们对父母的孝敬、感恩之心，但是，像这样大张旗鼓——而且专门选在操场上——摆开令人瞠目结舌的大阵势而举行的所谓“感恩教育”活动，其“教育”效果能否真正深入人心，可能就要打个问号了。事实上，一份调查表明，在孩子们的心目中，这种动辄就在学校请来的媒体记者的“长枪短炮”和众目睽睽之下，在操场上被“绑架”上演帮父母洗脚或向父母下跪、磕头之类的“感恩”活动，恰恰是最令他们反感的！我在这里之所以说他们是被“绑架”，是因为如果他们不参加校方组织的这些洗脚、下跪、磕头之类的活动，那么在他们的“道德表现”评价栏里就会被重重地记上一笔。其实，尽管孩子们年龄尚小，但他们对如何才是感恩父母这个问题是有自己的看法的。在调查中，许多孩子表示，现在自己能够主动地帮助父母做些力所能及的家务，或者将来自己长大了能够主动担起赡养父母的责任，就是对父母的感恩之情的最好表达。

我必须要说，我发自内心地欣赏孩子们这种对于感恩父母的质朴认识。相反，我对那些将这些天真烂漫的孩子当作手里的提线木偶而肆意摆弄“感恩表演”的大人们，其背后的真实动机是什么，是不是为了自己沽名钓誉或者仅仅是为了制造夺人眼球的新闻轰动效应而为之，就不能不表示怀疑了。

不是吗？据报道，2014 年 9 月，某地就举行过有 10289 人参加的“我给父母洗脚”的隆重活动。事后，这次洗脚活动组委会的人异常兴奋地宣称，本次活动已由吉尼斯总部现场认证，成功创造了一项“独具中国传统文化特色的”万人集体为父母洗脚的吉尼斯世界纪录。

——哦，您瞧，原来在活动的组织者如此兴师动众的背后，只不过是为了创造一项具有所谓轰动效应的“吉尼斯世界纪录”而精心策划、组织的一场盛大的“道德表演秀”！

文化学者朱大可在一篇专门谈论这种“道德表演”行径的短文中，曾尖锐痛斥道：“**如果向长辈表达感恩之情，最终只剩下‘下跪’或‘洗脚’的话，那么这只能是中华民族的悲哀**。老师应该向学生告知‘孝即爱心’，而非组织此类哗众取宠的街头活报剧。”① 他还以母亲节为例，指出：“我们应该在这一特殊的节日里重申母爱的伟大，学会对母亲报以更为炽热恒久的情感，学会倾听她们的教诲，尊重她们的抉择，跟她们成为最亲密的朋友，并学会在她们老去之后，照料其衰弱的身体和安慰其孤寂的灵魂。但这绝不意味着我们必须以下跪和磕头来表演各类滑稽的‘孝行’。”②说到这儿，他又进一步强调：“**母亲珍爱并引为自豪的，不是那些磕头虫和软脚蟹，而是有尊严地站着的孩子**。”③



朱大可的上述看法肯定会戳痛那些热衷于搞磕头、下跪、洗脚之类“感恩秀”的组织者或鼓噪者们，肯定会让他们感到不那么舒服，甚至还可能会引来俨然“义正词严”的指责。

---

①②③ 朱大可，《洗脚、下跪、磕头和道德演出》，载《教师博览》（文摘版）2015 年第 1 期。

但我不能不承认，他是真的把这个问题说到“根”上去了。

是的，做人的确应怀有感恩之心，我们应当感恩自然，感恩父母，感恩那些在我们成长过程中或遭遇困难时施予援手的认识的或不认识的好心人……我认为，对教师来说，甚至还应当感恩那些每天都围着我们一声声喊“老师”的天真烂漫的孩子！然而，我们是不是也应当明白这样一个基本的道理——

**感恩，并不复杂，它只不过是一种我们发自内心的、自觉的、默默的、润物细无声的，既简简单单又充满真挚情感的日常行为习惯**。譬如，对于那些稚气未脱的孩子来说，感恩就是在父母辛苦劳作一天疲惫归家后，能送上一个暖暖的问候，能敬上一杯淡淡的清茶；或者，就是向含辛茹苦的父母不断地献上通过自己的努力所获得的良好的学习成绩单……

至于那些把感恩弄成了唯恐别人不知的“广告秀”，或是攀比气派和场面的“洗脚表演”或“下跪、磕头表演”之类的闹剧，除了可能达到一点儿哗众取宠、博取眼球的廉价功利目的之外，我实在想不出还有什么值得一提的价值或意义！

知名学者蒋勋先生说过这样一句话：**“当道德变成一种表演，就是作假，就会变成各种形态的演出，就会让最没有道德的人变成最有道德的人，语言和行为开始分离。”**①

信哉斯言。

真的，感恩绝不能演变成为一场闹剧、一种作秀啊！

① 蒋勋著，《孤独六讲》，广西师范大学出版社2009年版，第43页。

# 每一个生命都不容轻慢

## 01

2015年1月，一个以唱歌作为自己的梦想与追求的女孩因癌症复发，过早地逝去了。这一年，她才33岁。

许多人闻讯莫不叹息，惋惜这个曾给我们带来许多委婉动听的歌曲的阳光、乐观、善良，又无比执着、坚强的美丽女孩的早逝。尤其是她在生命的最后时刻，还坚持说服家人把她完好的眼角膜捐献出来，以便让那些不知名的眼疾患者能够重见光明的善举，更是温暖了千万个如我一样素昧平生的普通民众的心。



这是一个多么让人感念的有爱心的年轻歌者啊！

然而，就在此时，有媒体赫然登出了一篇莫名其妙的文章，指责为什么有那么多人对一个区区“二线歌手”的去世如此关切，而对几乎同一时段去世的某位曾身居高位的高级将领没有达到像这位作者所想象的那种高度的关注！在这篇文章的作者看来，一个唱歌的女孩是无论如何也无法与一位声名显赫的将军相比的！……于是，在这则貌似“正义”的慷慨激昂的“雄文”的讨伐、诱导之下，一些“网络暴民”便开始对这位年轻的逝者口出秽语，肆意攻击，一场堪称丑陋人性集中展示的闹剧就此上演！

我必须要强调，对于那位曾身居高位、声名显赫的将军，我是真诚地满怀敬意的。我觉得，对于他，我们理所当然地应发自内心地给予尊重！可是，对于那位早逝的善良女孩呢？难道只是因为她是一位以唱歌为梦想和追求的普通女孩，只是因为其身世、地位无法同那位将军相提并论，就可以被我们忽略、不屑，乃至被生拉硬扯在一起进行“南辕北辙”的对比，然后再加以莫须有的讨伐和侮慢吗？

在一个现代文明的社会里，这样的现象和论调难道是正常的吗？

## 02

其实，只要翻翻老祖宗留下的那些册页泛黄的“陈年古董”，我们便会发现：在中国人的传统观念中，尊卑贵贱的等级意识向来就是如影随形、无处不在的。即便是那位两千多年前号称“有教无类”的圣贤——孔老夫子，也不能免俗。《论语·子路》中就记载过这么一个广为人知的故事——

樊迟请学稼。子曰：“吾不如老农。”请学为圃。曰：“吾不如老圃。”

樊迟出。子曰：“小人哉，樊须也！……”

您瞧，弟子樊迟只不过是对种地、种菜等农活技艺感兴趣，兴冲冲地满心指望老师孔子能指点一二，孰料竟惹得这位老先生十分不高兴，觉得给他丢人现眼了。结果，樊迟的讨教不仅被他冷冰冰地拒绝了，还在其背后气呼呼地啐了一口：“真是个没出息的小人！……”

——可是，果真务农就天生卑微，入仕才命当高贵吗？

有一个大家耳熟能详的故事，曾让我反复品味，感慨万千——

英国首相丘吉尔曾是大名鼎鼎、叱咤于国际政治舞台上的风云人物之一。据说，有人曾问丘吉尔的母亲，是否为自己有一个当首相的儿子感到骄傲？这位母亲听后报之一笑，淡然说道："是的。但我还有一个儿子正在田里挖土豆，我也为他感到骄傲！"……

这位颇有些"另类"的母亲看似随意的回答，却生动地诠释了什么才叫"平等观"！

说到这儿，我们不妨再来看一则关于美国著名的科技创新奇才、苹果公司联合创办人、人称"苹果教父"的传奇人物史蒂夫·乔布斯的故事——

2009年初，苹果公司首席执政官乔布斯被查出患肝硬化已到晚期。医生告诉他，必须马上进行肝移植，才能挽救他的生命。

乔布斯最终同意了肝移植手术方案。

院方马上为乔布斯在加利福尼亚州肝移植中心进行登记，等待肝源。

可是院方发现，要进行肝移植的病人有很多，如果排到乔布斯，至少需要10个月的时间。为了尽快挽救乔布斯的生命，院方马上又为乔布斯在其他州进行了登记。这种跨州登记在美国是法律所允许的，目的是为了争分夺秒地抢时间，尽快地挽救病人的生命。

院方发现，几个州最快的是田纳西州，只需要6个星期就可以等到。于是，院方决定让乔布斯在田纳西州进行肝移植。乔布斯排在了需要肝移植的病人中的最后一个。

对于急需肝移植的病人来说，每一分、每一秒都显得那么宝贵。于是，有人找到医院院长杜尔先生，希望杜尔先生行使一下院长的特权，让乔布斯插个队，先做肝移植手术。

院长杜尔先生听了，皱起了眉头，露出十分惊讶的神色，他两手一摊，无奈地耸耸肩，说道："我哪有特权让乔布斯插队？如果让乔布斯先进行肝移植，那么其他病人怎么办？一切生命都是平等的啊。"

说情的人，只好郁郁寡欢地离开了杜尔的办公室。

有人又找到田纳西州州长菲尔·布雷德森，希望布雷德森能帮帮忙，行使特权，向院方打个招呼，或写张批条，让乔布斯先进行肝移植，否则，乔布斯会有生命危险。

布雷德森听了，脸上的笑容消失了，他严肃地说道："我哪有那个特权？打个招呼，写张批条？什么意思？我不懂！谁也没有什么特权能让谁可以先移植，谁后移植。一切生命都是平等的，大家只能按排队的顺序来进行。"

有人对乔布斯悄悄地说道："能不能花点儿钱，给有关人员打点打点，让您先移植？"

乔布斯听了，吃惊地说道："这怎么行？那不是违法了吗？我的生命和大家的生命是一样的，大家只能按照秩序来排队！"

没有任何人能帮助乔布斯，包括他自己。

那些排在乔布斯前面需要肝移植的病人，有的是普通的公司职员，有的是家庭主妇，有的是老人，还有的是失业者，他们都在按照顺序排队，等待可供移植的肝脏。生命，对每个人来说，都是那么宝贵。

6个星期后，乔布斯终于等来了可供移植的肝脏。可是，由于等待时间太长，乔布斯的癌细胞已经转移。这次移植，只将乔布斯的生命延长了两年多的时间。

但是，乔布斯无怨无悔。他在生命的最后两年多时间里，

依然为苹果公司开发出更加新颖的产品，一直到他生命的最后一刻……①

在我看来，这个故事足以让我们真切地体会到那个既普通又珍贵的词汇——“平等”的内涵所在，以及它那沉甸甸的分量。正如美国《时代》杂志前总编、《史蒂夫·乔布斯传》一书的作者沃尔特·艾萨克森在讲述完上面这个故事后所感慨的那样：**“生命没有高低贵贱的区别，任何生命都是平等的。平等不是口号，平等不是作秀，平等更不是交换，它是生活中最生动、具体的体现。它如明月般皎洁，光可鉴人，散发着圣洁的光芒，它使我们看到了人性的光辉，直抵我们内心的柔软。”**

由此，再来反观一下发生在那位早逝的追梦女孩身后那场莫名其妙的“口水战”，不能不让人喟然长叹：我们何以至此？



多年前，曾有一部叫作《拯救大兵瑞恩》的美国影片引起许多影迷的追捧，也曾引发一场激烈的争议：仅仅是为了能保护那位名叫瑞恩的普通士兵从惨烈的“二战”欧洲前线安全撤离，使他能回国去照料年迈孤单的母亲，就不惜付出了牺牲整整一个小分队士兵的沉重代价！对此，有人说，如果瑞恩是一位将军，那还可以理解，可他只不过是一名普普通通的士兵而已啊！言外之意，他们这样做，有必要吗？值得吗？

我以为，《拯救大兵瑞恩》所折射出的，正是一种值得我们敬重和思考的价值观：

**生命是平等的，而拯救生命是没有什么值不值得的质疑**

---

① 李良旭，《一切生命都是平等的》，载《中华活页文选（初一年级）》2013 年第 8 期。引入内容有改动。

**的。换言之，只要是人的生命，不论其身份是高是低、是贵是贱，都是这世上最为珍贵的所在，所以也就必然都应当一视同仁，予以尊重，予以敬畏！**

所以，在我看来，在 2015 年初那些寒冷的日子里，发生在那位美丽而善良的青年歌手身后的嘈杂之音，绝非只是娱乐圈里的一个无关紧要的微小风波。它实际上所折射出来的是我们这个正处在急剧转型期的社会里所出现的一种价值观错位的病态，一种缠绕千年仍未消散的门第等级霉腐观念的延续！

其实，这种“社会病”又何止于此啊！当我们把目光投向那些作为“面向未来”、寄寓我们无限美好期望的学校教育时，我们就会发现，在不少地方其实同样存在着将那些原本天真无邪、亲密无间、平等相处的孩子，人为地划分成三六九等的“病状”！

2003 年 12 月，有媒体报道：西南某地某乡镇的学校里，出现了这样一条明确规定：除货车、客车外，凡小车路过时，小学生都要停下脚步，向小车立正行队礼。据了解，这个乡镇的绝大多数学校都发出了这一号召，并很快在学生中贯彻执行。

2011 年 10 月，有媒体报道：西北某地某小学要求部分学生佩戴特制的绿领巾。据校方称，学习、思想品德表现较差的学生没有红领巾，所以该校便为这部分学生发放了绿领巾。尽管校方冠之以“激励”之名，但人们对于这种将孩子们人为地区别对待的教育方式的哗然与愤怒有增无减。因为，事实上，绿领巾已成了那些所谓“差生”的一个鲜明标识！

某县城重点中学的一位高中教师在课堂上直言不讳地向他的学生宣称：“我的课是讲给班里前 10 名同学听的！”而坐在教室里眼巴巴地向他求教的学生有 60 多位……

现实中，诸如此类的事例绝非个别。

对于以上种种现象，有人曾尖锐地指出：无论是要求向小车行队礼，还是让所谓“差生”佩戴绿领巾等，此类教育手段都直接侵蚀和戕害着原本天真无邪的孩子们的心灵，扭曲着他们纯真的天性和价值观。譬如，在我国绝大多数地区，十多年前能坐小车的往往是少数有钱或有权有势的人，而学校所作出的只有小车才能享受行礼待遇的规定，自然会对学生的理想、世界观、价值观等带来潜移默化的负面影响，使学生形成“坐小车高人一等”的等级观念，进而只把权力和金钱作为人生的最高追求。再如，在小学校园里，当原本相互之间毫无隔阂和等级意识的孩子们被人为地贴上“红”“绿”标签，加以区别对待之后，他们心里自然也就会逐渐形成这样一种认识：所谓“平等”纯粹是蒙人的，在这个社会中，总有人是高高在上的，有人则是低贱的。而在有着“红”“绿”标签区分的学校里，那些“红领巾”们就好像是处在上流的权贵阶层，他们会受到老师的百般宠爱，因而似乎也就拥有了可以“理直气壮”地去鄙视、嘲笑那些“低贱”的“绿领巾”们的资格。这样一来，教育的结果必然就是使那些原本天真烂漫的孩子日渐失去天真，一天天变得“官僚化”和“功利化”！

在我看来，上述评论堪称针针见血、振聋发聩！是啊，确如有人所言：**教育关乎着孩子们的尊严，更关乎着孩子们的世界观**。可是，多年来我们早已见怪不怪、习以为常的学校教育中所出现的上述种种行为与现象，在潜移默化中会让孩子们形成什么意识、什么观念呢？如此，我们的学校真的能保证他们未来会成长为现代化社会中的合格公民吗？对于这些，我们又是否考虑过？……

事实上，正是类似上述种种不平等的教育行为，在不经意间，在孩子们懵懂、幼小的心灵中，一点一点地埋下了“权贵”与“仆从”的封建等级意识的种子！

难道不是吗？

## 03

实际上，人生本来就是多姿多彩的，每个人都可以有多种多样的不同的人生选择。

人文学者何怀宏先生曾说：“一个人可以在不违反基本道德要求的前提下，继续一种一心为道德、为圣洁、为信仰的人生，攀登自己生命的高峰，但他也可以追求一种为艺术、审美的人生，在另一个方面展示人性的崇高和优越，他也可以为平静安适的一生，乃至为快乐享受的一生，只要他的这种追求不损害其他人的合理追求。”①是啊，一些人可以选择过一种轰轰烈烈的人生，而另一些人也可以选择过一种平平淡淡的人生。他们不同的选择，都是不容亵渎的每个人的权利。我们可以对运动场上奋力拼搏、勇于夺冠的健儿不吝赞美与掌声，但那些甘愿坐在路边为奔跑者拼命鼓掌、呐喊加油的人，特别是那些虽没有各种炫目的头衔和光环，却一直认认真真、兢兢业业地对待自己所从事的哪怕是极平凡、极不起眼的职业的普通劳动者，不也同样不容轻慢，都值得我们尊重吗？

2016 年 7 月，浙江一家媒体就曾报道了这么一件很不起眼的凡人小事——

杭州有一位普通洗衣工周师傅，她从 20 世纪 80 年代开始

① 何怀宏，《底线伦理》，引自马小平编著，《叩响命运的门——人生必读的 102 篇人文素养经典》，湖南文艺出版社 2012 年版，第 77 页。

就在一家酒店从事为客人洗衣服的工作。洗衣服这份工作看上去极其普通，似乎也没有多少技术含量，其实真要干好却并不是我们想象的那么容易：完成一件精洗的衣服至少要花费 3 个小时。但无论多么繁忙、多么劳累，她总是认认真真地对待手头的每一件活儿，从不敷衍、马虎，还在工作过程中慢慢总结出了一套洗涤不同面料衣服的诀窍。譬如，拿到一件衣服后，她只要一看、一摸，就能把衣服的材质和应当采取的洗涤方式说得清清楚楚。不仅如此，她甚至还能通过衣服的剪裁、污渍部位判断出客人的职业、爱好和习惯。有一次，一个外国客人提出了一个近乎刁难的要求：能不能把衣服洗出阳光的味道？为了满足客人的这个愿望，她费了一番心思，经过反复琢磨，在最后烘干的时候，加入了适量有香味的柔软剂。那位外国客人拿到洗好的衣服后，激动地夸赞道："太棒了，这就是我想要的味道！"……



关于这样的凡人小事虽然在我们的生活中俯拾皆是，但它又何尝不在闪烁着一种既令人无限感怀，又让人备感亲切、温暖的圣洁光泽呢？它足以让我们这些被称作"未来希望的守护人"的教育工作者躬身自省：对于那些我们亲手送出校门、走向社会的一批批像周师傅那样从来没有做出过什么惊天动地的傲人伟业，也没有成为达官显贵、社会名流，但是一直在兢兢业业地恪守着自己的职责，尽心尽力地为社会默默服务的平凡学子，我们内心的真实态度究竟又如何呢？当我们的孩子在"畅谈理想"的主题班会上无所顾忌地大声宣布，他们的理想就是将来能成为像周师傅那样踏踏实实、勤恳敬业的洗衣工，或是要从事修车匠、厨师、理发师、快递员，乃至于清洁工等平凡的职业时，我们究竟是发自内心地尊重他们的选择并为他们鼓掌、加油，还是在心底里蔑视、讥笑他们胸无大志、没有出息呢？

## 04

有一年，我受邀去某地参加一个校长论坛活动，在承办活动的那所朴实无华的学校门口，我看到了这样一行端端正正地镌刻于一块并不高大的石碑上的校训：

**“做一个好人。”**

老实说，对于像我这种也算是走南闯北，见识过太多的“名校”所惯用的那些要么动辄标榜自己“创新”“卓越”“辉煌”之类气吞万象，要么挖空心思刻意雕琢出“之乎者也”之类文绉绉的辞藻，以显示自己很有“文化”底蕴的各种“高大上”校训的圈内人来讲，反倒是这所极为朴素的学校里这句只有寥寥五个字，完全就是一句大白话的“另类”校训，一下子打动了我内心最柔软的地方，让我感喟，让我长久驻足咀嚼。

是啊，这句话对我们绝大多数人来说，应该是再熟悉不过了。小时候，我们每个人几乎都被家人反复叮嘱：孩子，你要从小学好，长大后一定要做个好人啊！所以，“做一个好人”——这对于我们来说，也许就是最普通、最平常，甚至是最平淡、最老套的一句话了。当然，可能也正是出于这个缘故，当时不少前去参加论坛活动的一些所谓“名校”的来宾们，对着这条校训指指点点、窃窃私语，掩饰不住的一脸鄙夷……

这可笑吗？

2017 年春节即将到来之际，我居住的这座省城的某新闻媒体的一则报道，让我在那个寒冷的冬天真切地感受到了“好人”二字的崇高与温暖——

年关将近，一位 70 岁的老环卫工，在回家的路上不慎丢失了自己辛苦工作3个月挣来的工资。工资装在一个信封里，共计3360元，这是他风里雪里整整劳累了一个冬天的全部收入。一位经常看到这位老人辛辛苦苦清扫街道的好心人听说后，把这件事发到了微信朋友圈里，并且特别说明这位老人无儿无女，全指着这钱过年，希望有拾到的好心人归还钱款，希望看到的朋友转发信息。这条信息发出后，迅速引起了多地网友的关注，许多素不相识的网友纷纷从全国各地打来电话，对这位环卫老人表达了自己的关怀之意。

不过，事情似乎很快就有了着落：就在这条信息发出的当天中午11点半左右，一位约30岁的年轻人便开车找到了正在打扫卫生的老人。小伙子递给老人一个黄色的信封，并让他清点一下钱款数目对不对，那个信封上清楚地写着老人的名字和金额。旁边有人想给这位好心的年轻人拍个照，结果他笑着摆摆手，没留姓名就上车走了。老人数了数信封里的工资，金额没错，但他再一看信封上的字，就意识到这并不是自己丢失的钱，因为他丢失的信封上是用圆珠笔写的名字和金额，可小伙子送来的这个信封上是用黑粗笔写的。



很快，那位没有留下姓名的年轻人就被热心的网友们查找到了。据了解，他是偶然听朋友说起这件事的，然后他和朋友一商量，便自掏腰包，一起凑够了3360元，假装是捡到了老人丢失的工资，专程驱车送到了老人手中。

这些素不相识的好心人的善举让这位不善言辞的环卫老人感动不已。[1]

——这可真是暖人心窝啊！

读了上面这个发生在我们日复一日的平凡生活中的小故事，难道你还觉得一所学校企望孩子们都能“做一个好人”

---

① 参见韩延璟等，《“你可真是遇上好人了”》，载2017年1月15日《齐鲁晚报》第A03版。

的办学追求是“档次太低”，是“端不上台面”吗?!

在我们当下学校的办学者们动辄嚷着喊着要“与国际接轨”，较着劲儿地一味追求办学目标高端、上档次的逐浪潮流中，这所学校的办学理念和培养目标确实是显得有些“低端”和“另类”，甚至可以说是“土气”十足，所以这也就难怪那些来自“名校”的来宾们会一脸的瞧不起，并投之以鄙夷的窃笑。然而，在我看来，正是这个看上去似乎毫无耀眼光芒、朴实得不能再朴实的“做一个好人”的校训，最直白不过地切中了学校教育最重要的职责——当然也是学校“育人”的根柢之所在。不是吗？试问：就一个人的成长来说，倘若他的德行与价值观出了问题，那么即便我们能使他成为具备超强能力的所谓“人才”，这给社会带来的就一定会是福祉吗？相反，一个孩子可能资质平平，穷尽我们所能也难以将他培养成这个社会的所谓“精英”，但是，倘若通过我们的教诲，他能够明白做人的基本原则和道理；能够拥有一颗同理之心、善良之心，学会换位思考，理解他人，善待他人，当看到别人有困难的时候，能主动尽己所能，施以援手；能够知荣辱，懂廉耻，辨清善恶与美丑，尊老爱幼，自觉地让自己的行为合于社会公德，做到胸襟坦荡、诚实正直，不去做投机取巧、损人利己的事情——或者，哪怕仅仅是能够做到自律，在公共场所注意自觉遵守秩序，不肆意喧哗，不随地吐痰……甚至再往低处说，没有变成社会的负担、麻烦和包袱，那么，这样的育人结果不也是学校教育的一种巨大成功吗？我甚至觉得，换个角度来看，被一些人所鄙视的像这所学校那样看似“低端”的办学目标与价值取向，其实才恰恰是一种更值得我们崇尚的办学理想和扎扎实实的教育追求，因而更值得我们真诚地予以点赞，并献上一份由衷的敬意与祝福！在这个世界上，至少有百分之八十的人如同你我，注定一生都将会在“平凡”中度过，因此，对于本身就是“凡人”的你我来说，对于这样一所真诚企盼每一位学生都能成为一个“好人”的学校的追求，我们又有什么资格认为“不能登大雅之堂”，并给予轻蔑的嘲笑呢?

确乎，人生而平等，而对于这种人格上的平等，我们绝不可以因其外在的出身门第、身份地位上的差别而漠视、扭曲。对于“人性之本原”这个古老的命题，从古至今的哲人们向来是有着“性善”与“性恶”之争的。但是，不论他们争论的结果如何，从教育的角度来看，我认为**教育最重要的功用，就在于“抑恶扬善”**，即引导所有的孩子从小便将“善”的根须牢牢地扎在他们懵懂、稚嫩的心灵深处，促使他们向真、向善、向美，而不能为了让他们将来可以“出人头地”，便在片面追逐功名的推波助澜中让人性中“恶”的因子肆意滋长，从而在无意中悄然打开可能潜藏于每一个人的内心深处的那个可怕的“潘多拉的盒子”……



从这个意义上来看，我觉得作为学校的办学者能够守住初心，不去盲目追逐那些所谓“高大上”的各种浮躁的、时髦的喧嚣与诱惑，而是堂堂正正地把“做一个好人”这句最质朴的名言坚定地作为自己的办学目标，这与那些只会向学生灌输“提升一分，干倒千名”之类观念的教育功利主义者，或者是高喊“吃得苦中苦，方为人上人”之类的“励志”口号，实际上却是在有意无意地固化或强化着一种延续千年的传统等级观念，从而引导学生“两耳不闻窗外事，一心只读圣贤书”，甚而不顾一切地去追逐所谓“功名”的另一种更“高明”的教育功利主义者相比，真的是展示出了一种作为育人者的真诚与努力、情怀与担当!

那么，在你我的内心深处，是否也应当同样怀有这种可敬的育人情愫呢?

写到这儿，我想起了一位儿童心理学家曾提出的一个值得我们思考的重要命题：**到底是让孩子将来成为一个所谓有“高成就”的“成功”的人重要，还是让孩子做一个善良大方、乐于助人的人重要?**

被誉为意大利“文艺复兴之父”的著名诗人、学者彼特拉克也曾非常坦然地袒露自己的心扉：**“我不想变成上帝，或者居住在永恒中，或者把天地抱在怀抱里，属于人的那种光荣对我就足够了。这是我所祈求的一切，我自己是凡人，我只要求凡人的幸福。”**

我觉得，不论是那位儿童心理学家所提出的命题，还是彼特拉克所说的这句看似“胸无大志”的坦率表白，其中所蕴含的绵长意味，真的很值得生活在这个快节奏的时代里的我们，停下匆匆前行的脚步，好好地品一品，再好好地品一品!



## 05

一位著名教育媒体人曾提出这样一个观点：**我们的教育缺少一种教“平凡”的能力和意识**。她说：“我们明明知道在课堂中学习的大部分学生都不可能成为总统、科学家、文学家，但我们始终以‘最高标准’要求着每一个不一样的孩子，我们真心是为了孩子好，但我们所定义的‘好’就是那种‘举世瞩目的成功’；我们也明明知道连同自己在内的绝大多数在社会生活中就是一个凡人，快乐幸福的生活比任何辉煌都重要，但我们不知道这样的‘平凡’该如何传授。我们毫无办法，我们束手无策——‘教平凡’比‘教成功’难多了!”（沈祖芸语）我认为，这话说得实在精辟！实在是说到我们当下教育的痛点上了！我们（包括学生家长）已经习惯于在对孩子们的教育中总是推崇和强调出人头地、光宗耀祖，我们常常喜欢以“吃得苦中苦，方为人上人”，或是“少小不努力，长大送快递”之类的或夸张或调侃的语句，来对孩子们进行所谓的“励志”教育。于是，这种“苦口婆心”所引导、所“教诲”的结果，便是孩子们愈来愈鄙视朴实、勤劳等传统美德，愈来愈鄙夷那些勤勤恳恳、任劳任怨的普通劳动者，愈来愈梦想一夜暴富、飞黄腾达，迅速跻身于社会的所谓上流“成功人士”阶层，拥有一种光鲜、奢华的生活……

所以，在思考为什么平等的观念至今仍没有根深蒂固地存在于每一个人的头脑中时，我们是否应扪心自问：这与我们这些为人师者、为人父母者不经意间所施予的已经变了味的“价值观教育”的熏陶，是不是有着某种扯不断的关系呢？正如上面提到的那位教育媒体人所说的那样；“或许，我们的社会欠缺的就是一种接纳平凡人生的土壤，我们的家长、老师缺乏的就是一种平和而达观的心态，我们的教育更多的是让孩子参加一场场要争出胜负的竞赛。在很多场合，我们都有意无意地向孩子灌输着这样一种思想：只有怀揣着烫金的文凭成为名家，你的人生才算放出了光彩。”可是，如此一来，我们又怎能指望现代文明社会所崇尚的自由、平等、民主、公正等理念在下一代人的身上生根、发芽、开花、结果呢？

**须知，我们为孩子植下什么样的观念种子，也就注定会结出什么样的果实啊！**

## 06

我发现，很多人常常习惯于将“平凡”与所谓的“伟大”对立起来看待，并有意无意地冷落前者，而对后者极尽赞颂、追捧之能事。但是，我们究竟想过没有：一个人究竟怎样才堪称“不平凡”，究竟怎样才能配得上“伟大”的称号呢？

在我看来，其实“平凡”也罢，“伟大”也好，都只是相对而言的，二者并非决然对立，并且常常在不经意间会相互转化。记得一位著名的企业家这样说过：什么是不简单？能够把简单的事千百遍地做对，就是不简单。什么是伟大？能把大家公认的非常容易的事情千百遍地认真做好，就是伟大！换句话说，所谓“成功”，其实也就是一个人能够在平凡中做出不平凡的成绩而已。

我觉得，这话讲得实在是太精辟了！由此看来，假如我们依然习惯于以一个人身份地位的高低来作为衡量他成功与否的标尺，就需要好好地问一下自己：我真的懂得什么叫作“成功”，什么叫作“不平凡”吗？

2015 年 5 月，央视新闻频道曾连续播出一个名为《大国工匠》的系列专题节目。节目中所介绍的一个个身怀绝技的普通工人、技师，让我们真切地领略到了“成功”与“不平凡”抑或“伟大”的真谛。

——故事一：在制造中国大飞机的团队里，有一位名叫胡双钱的成员，他既不是知名的科学家，也不是飞机设计师，而只不过是一位普普通通的操作车床的技工老师傅，但这并不妨碍他成为这个大飞机制造团队中不可或缺的重要一员。

2006 年，中国新一代大飞机 C919 项目正式立项研究，对于享有“金属雕花”技能美誉的胡师傅来说，这个要做百万个零件的大工程，不仅意味着要做各种各样的零件，还意味着有许多临时紧急任务要承担。一次，团队在生产中急需一个特殊零件，若从原厂调配需要几天的时间。为了不耽误工期，只能用钛合金毛坯来现场临时加工这个零件，这个任务就交给了胡师傅。这个任务的难度之大，是令人难以想象的：这个零件如果由工厂精锻出来，成本要 100 多万元。零件上要有 36 个孔，大小不一样，孔的精度要求是 0.024 毫米——相当于人的一根头发丝直径的一半。这个本来要靠细致编程的数控车床才能完成的高精密度零部件，当时就只能依靠胡师傅的一双手和一台传统的铣钻床来完成。结果，这个看似不可能完成的任务，胡师傅仅用了一个多小时就完成了——将 36 个孔悉数打完，而且分毫不差，一次性通过了检验！

——故事二：我国自行研制的 CRH380A 型电力动车组曾以最高试验时速 486.1 千米的速度刷新了世界纪录，震惊世界，并获得了美国商标专利局颁发的自主知识产权认证，是我国向全世界推介高铁的一张“国家名片”。而在打造这张亮丽的“国家名片”的制造团队里，也有一位身份虽然只是一名普通技工，但是不可或缺的重要人物——宁允展。



高铁列车上的转向架每片重量达 1.1 吨，其定位臂落在四个车轮的节点上，每个接触面不足 10 平方厘米，当列车以时速 300 千米运行时，接触面承受的冲击力有二三十吨。定位臂和车轮节点之间的缝隙大了，车轮可能会松脱；如果被完全焊死，转向架就无法再打开，影响列车检修。这个转向架的制造，不只在中国，在全世界所有高铁生产线上，都要靠手工研磨。按照国际标准，留给手工的研磨空间只有 0.05 毫米左右，也就是相当于一根细头发丝直径的大小。如果磨小了，转向架落不下去；如果磨大了，价值10多万元的主板就报废了。

宁师傅就是负责这道工序的一位研磨师。在过去的10多年里，宁师傅就是在这细如发丝的空间里施展着自己的绝技。他可以像绣花一样，把切口表面这些隐约的竖线，织成一张纹路细密、摩擦力超强的网。工友们谈起他来，无不钦佩又自豪："0.1毫米的研磨要求，国内大概有十几个人能干；到了0.05毫米，别人都干不了了，目前就只有他能干！"

一心一意搞技术，不慕功名不当官，宁师傅似乎与当下很多人有着不同的追求。而正是凭着这种踏踏实实、专心致志、精益求精的工匠精神，这位仅仅有着某铁路技校中专学历的高铁首席研磨师，已先后获得了5项国家级技术专利。他说："我不是完人，但我的产品一定是完美的。而要做到这一点，需要一辈子踏踏实实做手艺……"

在央视为这个节目所配发的评论中，有这样一句感慨："如果每一件'中国制造'的背后，都有这样一位追求极致完美的工匠，'中国制造'就能够跨过'品质'这道门槛，跃升为'优质制造'，让更多的中国产品在全球市场释放更耀眼的光芒！"所以说，你能仅仅因为胡师傅、宁师傅的身份是普普通通的技术工人，就轻慢、蔑视他们，而不是感到肃然起敬吗？你能不承认他们实际上就是"成功"的人，就是"不平凡"的人吗？你难道不觉得他们在自己普通的工作岗位上所取得的这些成就堪称"卓越"和"伟大"吗？

2016年盛夏，我又读到了另一则同样让人感喟的新闻报道——

近年来，日本东京的羽田机场被世界权威航空服务评估机构斯凯特拉克斯公司连续4年授予"世界最干净机场"的荣誉。而该机场之所以能够连续4年获得这一殊荣，与一位名叫新津春子的普普通通的机场清洁工的辛勤付出是分不开的。

新津春子在中国沈阳长大，她父亲是“二战”后日本人遗留在中国的战争孤儿，母亲则是中国人。1987 年，17 岁的新津春子来到了日本，对于那时不懂日语、学历不高的她来说，选择门槛较低的清洁行业是维持生计的最现实的出路。所以，她从高中开始就干上了清洁工作。就连她自己也没有想到，这一干就是 20 多年。

在许多人的眼中，清洁工作是个又脏又累、很不体面的活儿。但新津春子并不觉得因为做这样的工作而低人一等。她说，自己深爱这个行业，在工作中找到了许多乐趣，即使再辛苦也不觉得疲惫。在入行的最初 10 年里，为了多挣钱和考取这一领域的专业资格证书，她曾每天工作 10 多个小时，而且一年到头从不休息，也因此而积累了全方位的清洁知识。“功夫不负有心人”，1997 年，她在日本全国“清洁技能锦标赛”中崭露头角，荣获第一名，成为该竞赛历史上最年轻的冠军。



在面积多达 76 万平方米的东京羽田国际机场内，新津春子几乎干过所有种类的清洁工作，可以说没有她无法完成的清洁任务。她能够熟记 80 多种清洁剂的成分和功效，对它们的使用方法了如指掌；她能够快速分析不同污渍产生的原因和组成成分，以至于只要看一眼污渍就能知道用哪种清洁剂可以处理得既干净又不损伤器具表面。她还发明了专门的小刷子来清理水池的排水口，因为清洁那里特别困难。

不仅如此，就连我们平时不会注意到的地方，也被她纳入了清洁范围：除菌、除臭、烘干……愈是小的细节，她愈是认真对待，一丝不苟。例如，洗手间的烘手机在使用后会产生很多细菌和很大的异味，必须要把烘手机底下的排水沟清理干净才行。对此，哪怕每个槽缝只有 1 厘米，新津春子也绝不会疏忽、放过，她说如果不清理，会给过敏的人和孩子留下隐患。再比如，电视机后盖的角落、烘手机的缝隙，就算是看不见的马桶圈内侧，她也会戴上眼镜，利用镜子反射，一圈又一圈地仔细检查。另外，她还注意在所有孩子可能会碰到的地方，都不使用刺激性的清洁剂。在扫地和拖地时，她也会注意在每次清扫完毕后，总要将拖把脏的一面朝内放入清扫车，既保证美观，又避免碰到往来的乘客……

就这样，新津春子每一天都如同大师般地精心“雕刻”着机场的每个角落，从而赢得了很高的评价：“她的工作已经远远超越了保洁工的范畴，而是在干技术活。”偌大的机场，在她的手中俨然成了一件可令人欣赏的艺术品。最终，新津春子凭着自己的刻苦努力获得了“日本国家建筑物清洁技能士”的资格证书，并且还被特别擢升到技术监督管理岗位，负责培训机场的700名清扫工。有时候，她也会应邀解决其他地方公共设施或家庭的顽固污渍，并因此而逐渐成了日本家喻户晓的明星，赢得了“日本国宝级匠人”的荣誉称号。



但是，面对这巨大的赞誉，新津春子从来不觉得自己做的事情有多么了不起，她总是谦恭地说：“我只是把这里当成自己的家，所以要好好招待客人，用尽心思让到这里的人感受到这就是‘理所当然的日常环境’而已。”

那么，新津春子的故事究竟告诉了我们什么呢？我想，她所带给我们的最重要的启示，也许就像媒体所评论的那样：“哪怕是再不起眼的工作，也有它无可代替的重要性，只要用心专注，将之做到极致，那么它也就是一项伟大的工作。”不论是新津春子，还是胡双钱、宁允展……这些在最平凡、最普通的职业岗位上默默付出的辛勤劳动者，他们都用自己对所从事的职业的那份专注和全身心倾情投入的工匠精神，再一次清楚地告诉了我们这样一个最基本的道理：其实我们所仰视的“伟大”，并不是一种高不可攀的境界，事实上所谓的“伟大”更多地就蕴含于我们平时也许根本就不放在眼里的“平凡”之中！

## 07

由那位芳年早逝的年轻歌者身后那场舆论风波所引发的我这番看似小题大做的议论，写的已经够多了。现在，似乎可以先暂时告一段落了。那么，我为什么要对这场看似无所谓的舆论风波会格外关注并喋喋不休呢？其实，我无非是想借此提醒一下自己，也提醒一下和我一样从事着相同职业的教师朋友们：在对待孩子们的问题上，我们应当把这样一句话永远地牢记在心中，并作为自己的座右铭，那就是：

**每一个生命都值得敬畏，每一个生命都值得尊重，每一个生命都不容轻慢！**

换句话来说，正如德国哲学家叔本华曾谆谆告诫的：“**要尊重每一个人，不论他是何等的卑微与可笑。要记得活在每个人身上的是和你我相同的性灵。**”①

那么，我们记住了吗？……



① ［俄］列夫·托尔斯泰著，朱澄译，《与伟大灵魂的对话：托尔斯泰的365天阅读笔记》，中国华侨出版社2013年版，第7页。

# 守住心中的“瓦尔登湖”

## 01

今天，我们的教育改革最需要什么？身为教育者的你我又该如何面对？特别是该如何修炼自我，使自己能够更富有审辨力、洞察力，从而清楚自己究竟应当摒弃什么或坚守什么？对此，教育界有着众多不乏颇有见地的看法。不过，在我看来，在学校教育的改革日渐呈现“乱花渐欲迷人眼”的喧嚣景象之下，也许我们最需要的不是像某些人所鼓吹的什么“战斗精神”，也不是什么“激情”，而应当是一种理性、一种沉静！——是的，我们需要一种高度的心灵的沉静。



170多年前，当美国社会正普遍流行拜金主义和享乐主义的时候，一位年轻人却孤身一人离开城市，远离尘嚣，来到了一个僻静得几乎见不到人影的去处——马萨诸塞州康科德镇附近的瓦尔登湖畔的森林里。在那里，他用一把借来的斧头砍下一些白松，削成一根根立柱和椽子，用自己的双手一点一点地搭建起一栋小木屋并从此居住下来。此后，在长达两年多的简朴的独居生活中，在身体力行地实践着返璞归真的极简生活方式的过程中，他围绕着“人”的自然追求和“人”之所以存在的根本意义等命题，进行了冷静而深刻的追寻与思考。

这位年轻人，便是后来以一部经典之作《瓦尔登湖》而闻名于世的19世纪美国著名作家、哲学家亨利·戴维·梭罗。

后人在谈论梭罗何以会选择这么一个荒凉的僻静处所独居时，大都认为，梭罗看重的正是澄澈、沉静、一尘不染的瓦尔登湖，还有湖畔那一大片郁郁苍苍、松涛阵阵却又人迹罕至的森林所提供的一种远离物欲世界的喧嚣，可以祛除浮躁、安顿心灵，使思想尽情地自由遨游的宁静环境，以及由此而悄然生成的独特的精神氛围。《瓦尔登湖》中译本的首译者徐迟先生在其所写的译本序中，开篇即这样告诫我们："你能把你的心安静下来吗？如果你的心并没有安静下来，我说，你也许最好是先把你的心安静下来，然后你再打开这本书……"① 何以需要如此呢？徐迟先生解释道："这本《瓦尔登湖》是本静静的书，极静极静的书……我要告诉你的是，在你的心静下来以后，你就会思考一些什么。在你思考一些什么问题时，你才有可能和这位亨利·戴维·梭罗先生一起，思考一下自己，更思考一下更高的原则。"②

梭罗自己也曾这样解释道："我之所以居住在静谧的森林中，就是为了细心去品味生活，去面对生活的每个基本因素，希望能从生活中学到一些东西，这样即便是到了弥留之际也不会有所遗憾。……我要扎根土壤，吸取生命所有的精髓，生活得像斯巴达人那样健壮无比。丢弃生活的废物，开垦出一片宽广的田地，认真地去修整收割，驾驭生活，使它沦为最卑鄙的境地。倘若生活证实了自身的卑鄙，为什么不将所有的卑鄙都一一获取，并将它告诉世人呢？"③ 他还说："世上只有自由地欣赏地平线的人，才能感受到真正的幸福。"④



无独有偶，德国哲学大师海德格尔也曾长时间居住在德国

---

①② ［美］亨利·戴维·梭罗著，徐迟译，《瓦尔登湖》，上海译文出版社2009年版，第1～2页。

③ ［美］亨利·戴维·梭罗著，纵华政译，《瓦尔登湖》，中国电影出版社2005年版，第58页。

④ ［美］亨利·戴维·梭罗著，纵华政译，《瓦尔登湖》，中国电影出版社2005年版，第55～56页。

西南部黑森林中一幢狭小的乡间滑雪小屋内。他在解释为什么住在偏僻的乡下时，这样说道："严冬的深夜里，暴风雪在小屋外肆虐，白雪覆盖了一切，还有什么时刻比此时此景更适合哲学思考呢？这样的时候，所有的追问必然会变得更加单纯而富有实质性。这样的思想产生的成果只能是源始而骏利的。那种将思想诉诸语言的努力，则像高耸的杉树对抗猛烈的风暴一样。"① 他特别说明："这种哲学思索可不是隐士对尘世的逃遁，它类似农夫劳作的自然过程。……当牧人恍无所思，漫步缓行赶着他的牛群上山；当农夫在自己的棚屋里将数不清的盖屋顶用的木板整理就绪：这类情景和我的工作是一样的。思想深深扎根于生活，二者亲密无间。"②不仅如此，他还进一步回答道："城里人总担心，在山里和农民待那么长时间，生活一无变化，人会不会觉得寂寞？其实，在这里体会到的不是寂寞，而是孤独。大都市中，人们像在其他地方一样，并不难感到寂寞，但绝对想象不出这份孤独。孤独有某种特别的原始的魔力，不是孤立我们，而是将我们整个存在抛入所有事物本质而确凿的近处。"③……

可见，能否拥有相对宁静的环境——尤其是沉静乃至孤独的心境，对于一个人的精神发育和思想生长，以及在其精神思想支配下相应的行动而言，都是多么重要和珍贵啊！

然而，今天我们已经差不多完全被裹挟、淹没在各种已经变了味儿的功利式教育"创新迷"们的"走秀潮"中了，如此一来，还能奢望会有"宁静"（或"沉静"）可以安身立命的环境吗？事实上，"宁静"也罢，"沉静"也好，这样的心境与气质对于今天已经有些心浮气躁的教育以及身处其中的我



①②③ ［德］海德格尔著，郜元宝译，《人，诗意地安居：海德格尔语要》，广西师范大学出版社 2000 年版，第 66～67 页。

们来说，可能已经变得有些奢侈甚至是可望而不可即了。可是，另一方面，对于当下我们这些已经完全不由自主地身处于各种喧闹之中的教育者来说，无论是“宁静”还是“沉静”，都是须臾不可或缺的一种修养追求品境。

印度哲学家克里希那穆提亦特别强调守住“宁静”的重要性，他说：“最难的一件事就是让人心从已知的事物中解脱，使他能随时发现新的事物。”[①] 那么，具体该怎么做呢？他认为，关键就是要让我们的心学会安静，学会“如何从生活中的烦恼与混乱中抽离”[②]。他强调，“伟大的事都是从宁静的心中诞生的，而宁静的心绝不是从努力、控制与规范之中产生的”[③]。“要想发现真理，你的心必须完全静止……在这份寂静中，就存在着真理、美和神”[④]。

我对此深以为然。事实难道不就是如此吗？

## 02



梭罗在他的《瓦尔登湖》中曾提出这样一个观点：“独处和寂静”对于一个人思想的孕育和精神世界升华的作用力是绝对不可轻视的，“这样的闲暇……并不是荒废了我生活中的光阴，而是大大延长了我应有的生命”[⑤]。与之相反，在他看来，“实际上，一个孜孜矻矻忙于劳作的人，根本没有闲暇关

①② ［印］克里希那穆提著，叶文可译，《人生中不可不想的事》，群言出版社 2004 年版，第 195 页。

③ ［印］克里希那穆提著，叶文可译，《人生中不可不想的事》，群言出版社 2004 年版，第 208 页。

④ ［印］克里希那穆提著，叶文可译，《人生中不可不想的事》，群言出版社 2004 年版，第 229 页。

⑤ ［美］亨利·戴维·梭罗著，杰弗里·S. 克莱默注，杜先菊译，《瓦尔登湖（全注疏本）》，华东师范大学出版社 2015 年版，第 133 页。

注真正完整的生活……他除了当一台机器，根本无暇顾及其他”[①]。

我觉得，将梭罗的提醒用在我们这些教育者的身上也许再恰当不过了。教育是一种“慢”的事业。或者，从某种角度来讲，教育本身就是一门“闲暇”的艺术。所以，如果当一所学校完全迷失了育人初心，而被追求所谓“高效”的急功近利的口号所遮蔽，如果学校内的教育者完全在人为的操控和驱使下，变成了一台台没日没夜地超负荷运转、疲于奔命的“教书机器”，这实在不是一种值得赞美的现象。因为，这就意味着我们和我们的学校根本不可能会稍稍停顿一下狂奔的脚步，拥有一点可以偶尔“仰望星空”的机会、可以冷静地进行深度思考的时间，当然也就更谈不上能够时常地问一下自己：我所从事的教育是真教育吗？真教育究竟是什么样的？我们当下的学校教育改革究竟应当改什么、怎么改呢？是不是只要有人为自己或学校包装上一层所谓“改革”的光鲜外衣，就一定值得我们不加辨析、坚信不疑、争先恐后地追捧和效仿呢？相反，那些坚守、传承或发扬教育传统的学校或教育者，就一定意味着落伍、落后、不可取吗？……事实上，我们如果对诸如此类的问题不能静下心来思考，其结果就必然会像梭罗所讽刺的那样：我们常常只是盲目地听从一个随意的“神谕”，只管“将石头从头顶往身后扔去，却不回头看看究竟落于何处”[②]！

是啊，如果我们终日只是不明就里地瞎忙活，这就犹如一种悄悄侵蚀着我们肌体的“病毒”，久而久之，我们的大脑就

---

① ［美］亨利·戴维·梭罗著，杰弗里·S. 克莱默注，杜先菊译，《瓦尔登湖（全注疏本）》，华东师范大学出版社 2015 年版，第 6 页。

② ［美］亨利·戴维·梭罗著，纵华政译，《瓦尔登湖》，中国电影出版社 2005 年版，第 3 页。

可能会完全失去思考的功能，而彻底堕入迷茫的黑暗之中。因为，“只有在最深度的宁静，最高度的静谧中，你才可以慢慢地调理你的弦索，时间一到，它才可发出动人的节响来。只有在幽独、宁静之中，你才可以悄然地蓄积你生命的力量，如涓滴之归向大海，如尘沙之堆积邱山，不知不觉间，形成了你的强力与伟大。唯有在寂寥清静的环境中，宁静的情绪中，你才可以有暇使心灵临流自照，更清楚地认识了自己……唯有在宁静中，你才能保持冷静与理智，看清楚真理的面目，看明白是之为是，非之为非，而保持你那不偏不倚的判断力，如此，你才能保持精神上的独立与自由”①。在我看来，作家张秀亚的这番鞭辟入里的言说，可谓将“宁静”二字的内涵与真谛揭示得淋漓尽致了。

那么，在这个物欲横流、喧嚣不已的现实世界里，我们还能够让浮躁的心静下来，静得像澄碧如镜的瓦尔登湖水一样吗？可令人遗憾的是，我们的心为什么总是不能冲破浮躁的包围，而获取片刻可以理性思考的沉静呢？……



## 03

看来，我不得不说，我们时下的教育界，确乎进入了一个人人言必称“创新”，个个以绞尽脑汁“创新”为时尚的“新”时代了。可是，如同上面我所诘问的：不论是谁，只要他一旦振臂宣称自己是在搞教育“创新”抑或“改革”，就一定值得我们大加肯定和赞美吗？

我看未必。

---

① 张秀亚，《谈静》，引自张文质主编，《活着就是幸福：生命读本（上册）》，广西教育出版社2009年版，第92、94页。

事实上，梭罗在《瓦尔登湖》中对于此类问题早就做出过非常明确的告诫：**人们常常对于林林总总的各种“现代革新”有很多幻觉，“但其实它们并不都是积极的进步”**！他说：“我们的发明往往是漂亮的玩具，这些玩具分散了我们对严肃事物的注意力。它们只不过是改善的手段，而目的却尚未改善，其实达到这个目的本来并不是很难……”①

想一想我们当下某些教育教学的所谓“创新”或“改革”，不也同样存在着只不过是“发明漂亮玩具”，而不是从本质上改变教育现状的现象吗？甚至，某些人搞的所谓的学校“改革”，说穿了，其实质只不过是为了增加自己头上“政绩”的光环，而无视教育教学规律的一种哗众取宠、沽名钓誉的任性折腾罢了。

我对此表示忧虑。

梭罗讲述过他在日常生活中遇到的一段令他哭笑不得的小小经历——



当我要定做一件特别样式的衣服时，女裁缝一本正经地告诉我：“它们已经不流行了。”她的语气丝毫没有强调“它们”这个词，仿佛她是奉了神谕似的。因而我想让她为我缝制我喜欢的款式已经不可能了。换句话说，她根本不去相信我说的是真话，反而认为我是十分的鲁莽和无知。……最后，我用同样神秘而又难以抗拒的方式回答她：“您说得对，它们前些时候不流行，但现在又流行了。”②

---

① ［美］亨利·戴维·梭罗著，杰弗里·S. 克莱默注，杜先菊译，《瓦尔登湖（全注疏本）》，华东师范大学出版社 2015 年版，第 62 页。

② ［美］亨利·戴维·梭罗著，纵华政译，《瓦尔登湖》，中国电影出版社 2005 年版，第 14 页。

讲到这儿，梭罗忍不住痛斥道：“**她只量了下我的身材，而没有去量我的性格**。……我们并不崇拜女神，我们只崇尚时髦。她开始纺织，裁剪，一切都由她操纵。我想，如果巴黎的美猴王戴上旅行帽后，美国的猴子必定也会模仿的。”① 他继而进一步感慨：“后代人总是嘲笑前代人的时尚，而努力追求着自己的时尚。……离开了人，任何衣服都变得十分怪异和可怜。只有用严肃的目光才能看透穿衣人真正的人生，才能抑制住喧嚷，看清穿衣人原本神圣的面目。……当剧中的小丑腹痛之时，他身上五彩缤纷的衣服也显示痛苦不堪；当士兵中了炮弹时，他破烂的军装则显得十分华贵。”②

对于生活中很多人诸如此类的盲目跟风、赶时髦的浅薄、虚荣而又幼稚的行为，梭罗一针见血地指出，他们所追求的只不过是“那些受人关注的东西，而不是真正让人值得关注的东西”③。他毫不客气地嘲讽道：“**我们不去认识人，却认识了各种各样的服装**。倘若你给稻草人穿上你脱下的最后一件衣服，而自己却裸体于路旁，过路的人都会向稻草人致敬，而唯独忘了你。”④由是，他向世人忠告——



对于新的款式，男男女女们有着一种特殊的兴趣，这种兴趣使得无数人跃跃欲试地想在花花世界里寻找属于他们的款式。服装商们早已猜透了人们变化无常的兴趣。仅仅是丝线颜色搭配、深浅不同的两款衣服，一款迅速被买走了，而另一款却仍无人问津；然而在沉寂一个季节后，却十分流行了，这样

① ［美］亨利·戴维·梭罗著，纵华政译，《瓦尔登湖》，中国电影出版社 2005 年版，第 14 页。

② ［美］亨利·戴维·梭罗著，纵华政译，《瓦尔登湖》，中国电影出版社 2005 年版，第 15 页。

③④ ［美］亨利·戴维·梭罗著，纵华政译，《瓦尔登湖》，中国电影出版社 2005 年版，第 13 页。

的事情是常有发生的。①

这可真是入木三分啊！

由此，我在想：我们的教育——当然，尤其是我们这些从事教育工作的人，难道不也应当在这个喧嚣不已的时代里尽量让自己的灵魂能有稍许安顿？难道不也应当努力为我们自己修炼一种如同瓦尔登湖那样宠辱不惊、超然物外的沉静心境吗？唯有如此，我们才可能得以冷静审视一下初心，仔细地想一想教育的初衷和未来前行的应然方向。因为很多时候，正如诗人纪伯伦所言，**“我们已经走得太远，以至于忘记了为什么而出发”**！

我们每个人的心中本来都应当有一个属于自己的“瓦尔登湖”。只是，在我们这样一个某些学校教育的“创新”越来越热衷于玩各种时髦的“概念批发”游戏，越来越流行于向穿上各种“五彩缤纷的衣服”的“稻草人”致敬的浮躁时代里，可能许多人心中的那个“瓦尔登湖”早就因被投进各种功利的杂物，而变得浑浊不堪了！甚至，还有可能已经在不知不觉之间悄然干涸了！所以，我觉得，在今天，我们这些教育者再也不能只是继续热衷于制造一些“漂亮的玩具”或“五彩缤纷的衣服”了，我们最紧迫、最急需的，应当是让我们的心重新回归“树人”原点，重新找回我们每一个教育者心中应有的那个素朴、澄澈、湛蓝、宁静的“瓦尔登湖”！假如你真想成为一名努力成全那些天真烂漫的孩子的美好生命的培育者、精神生命的燃灯者，那么，你当下最需要做的，也许就是牢牢地、牢牢地坚守住自己心中那座圣洁的“瓦尔登湖”吧！

可是，我们能做到吗？……

---

① ［美］亨利·戴维·梭罗著，纵华政译，《瓦尔登湖》，中国电影出版社 2005 年版，第 15 页。

# 题3　为师

我们正处在社会与教育转型发展的关键期，面对拜金主义趁机抬头和功利主义乘虚弥漫的现实，作为置身其中的教师，尤其需要思考：我们应当坚守什么、摒弃什么、追求什么？我们应当如何为人师？……

# 追问生命高度

## 01

我常常喜欢穷究一些似乎显得老套的话题，譬如，怎样的教师才算得上是合格的教师？怎样的教师才称得上是真正意义上的好教师？……

我觉得，在喧嚣浮躁、物欲横流的今天，这些看上去并不新鲜的话题，反倒成了我们必须要加倍关注和重新思考的重要问题。

是啊，作为处在当下拜金主义盛行的社会转型期和功利主义思潮弥漫的教育转型期的教师，我们究竟应当恪守什么、追求什么呢？



## 02

人的生命其实是很脆弱的，脆弱得犹如一根苇草，也许在不经意间就会被折断。千百年来，许多人无不梦寐以求能延年益寿，渴望能长生不老，然而，生老病死是我们不可抗拒的生命规律。于是，在那些被称作“思想者”的一辈辈学人中间，便对如何才能实现人生的“完满”这个命题，展开了迄今也没有穷尽的探讨和争论。

坦率地说，在很长的一段时间里，我对这个话题其实是不太关注的。因为，我觉得自己与谈论这个话题的年龄距离尚比较远。然而，当生命的阴影终于在毫无觉察之间悄然袭来之际，我不由自主地对此也开始了追问：每个人的肉体生命来到这个尘世间，无论待的时间是长还是短，终归都会烟消云散；那么，如何在有限的时间里使自己的人生“完满”，使自己的生命达到一定的高度，确实是一件很值得每个人都应当想一想的事情。

有人以为，人生苦短，所以应及时行乐，如此便可以不再有人生的遗憾了；有人则以为，人生圆满在于获得功名，所以为了出人头地，便不择手段，甚至丢弃尊严，卑躬屈膝，把以此博得的所谓“人上人”的地位视作自己人生的“完满”；还有的“新人类”则公开声言，自己“宁肯坐在宝马车里哭，也不肯坐在自行车上笑”，似乎只要能过上挥金如土的奢华生活，便有了“完满”的人生……

在一个价值观愈益多元化的时代里，我无意也没有资格过于苛求持以上观念的人去改变什么。然而，我忍不住还是想要质疑：难道这就是我们作为“人”的生命的意义吗？这就是所谓“人”的生命的价值吗？这就是所谓人生的“完满”吗？

须知，人与动物是有着本质区别的。动物只具有动物的本能属性，而作为“人”，除了物欲的本能追求，是不是还应当有着不同于一般动物的更高级的追求呢？譬如精神，譬如人格……

——尤其是，作为负有“育人”使命的为人师者，我们究竟应当追求一种怎样的生命高度呢？

我觉得，我们不能不去思考。

## 03

我知道，在物欲横流、喧嚣浮躁的今天，谈精神、谈人格、谈对生命高度的追求，似乎是一件连上帝听了都要发笑的很“幼稚”的事情。可是，我坚持认为，作为一名教师，你无法回避这样一个似乎显得不合时宜的老套的话题。

为何这么说？

在这里，我觉得有必要再来追问一下教育的真谛究竟何在。对此，德国哲学家雅斯贝尔斯曾指出：“训练是一种心灵隔离的活动，教育则是人与人精神相契合，文化得以传递的活动。……教育是人的灵魂的教育，而非理智知识和认识的堆集。”[①] 印度哲学家克里希那穆提则同样深刻地指出：“教育，并非只是用来训练心智。训练提升了效率，然而却无法造就一个圆满的个人。……教育的最大任务在于产生一个完整的人。”[②] 他还说：“教育的功用不只是帮助你通过考试而已，还要帮助你明白生存的所有问题，包括……培养主动创造的能力、做一个认真而懂得如何深入思考的人。”“如何找到一种生命态度……这才是教育。”[③] 他还进而强调道：“显然，除非教育能帮助你了解广大生命的所有精微面——它惊人的美、它



① ［德］雅斯贝尔斯著，邹进译，《什么是教育》，生活·读书·新知三联书店 1991 年版，第 2、4 页。

② ［印］克里希那穆提著，张南星译，《一生的学习》，群言出版社 2004 年版，第 7 页。

③ ［印］克里希那穆提著，叶文可译，《人生中不可不想的事》，群言出版社 2004 年版，第 270 ~ 271 页。

的哀愁及欢乐，否则教育是没有意义的。"① "我们目前所谓的教育根本就不是教育，因为没有人告诉你这些事。你的老师只能帮你准备参加考试，他们从不和你谈生命的问题，而生命的问题却是最重要的。"②

其实，不只是国外学者有如此论断，我国近百年来的诸多学人也有着与之惊人相似的阐述。譬如，被誉为我国"现代教育之父"的蔡元培先生曾明确提出："教育者，养成人格之事业也。"而"完全的人格"必须是在知、情、意、行等身心诸方面都得到全面发展才是啊！另一位民国时期的著名教育家蒋梦麟先生则谆谆告诫道："理想、希望和意志可以说是决定一生荣枯的最重要因素。教育如果不能启发一个人的理想、希望和意志，单单强调学生的兴趣，那是舍本逐末的办法。"③

在这里，我们可以很容易地从中捕捉到他们所刻意强调的几个关键词——"完整的人""完全的人格""自我了解""生命态度""人的理想""主动创造"和"学会生活"等。可见，这正如有学者所分析的那样：真正有灵魂的教育，应当是以"追求无限广阔的精神生活，追求人类永恒的终极价值——智慧、美、真、公正、自由、希望和爱，以及建立与此相关的信仰"，并**使学生"成为有灵魂有信仰的人，而不只是热爱学习和具有特长的准职业者"**④ 为鹄的。



试想，如果教师没有思想，没有灵魂，没有主动担当意识，更没有一种对精神生命高度的自觉追求，而仅仅把自己当

① [印] 克里希那穆提著，叶文可译，《人生中不可不想的事》，群言出版社 2004 年版，第 4 页。

② [印] 克里希那穆提著，叶文可译，《人生中不可不想的事》，群言出版社 2004 年版，第 38 页。

③ 蒋梦麟著，《西潮·新潮》，岳麓书社 2000 年版，第 31 页。

④ 李政涛，《教育的灵魂在哪里》，载《基础教育课程》2008 年第 2 期。

成一个生产流水线上的工人，仅仅把自己的教育教学工作的着眼点放在如何指导学生组装知识“零部件”的“技术”操作层面上，或是只管干些“夯实砸牢”知识点之类的“体力活”，那么，要指望他们企及上述教育之鹄的，可能吗？

## 04

现在，让我们回到前面提及的那个关于生命、关于人生何以完满的话题吧。

我以为，对这一命题的追问与思考，绝不能简单地被讥讽为一种所谓的“作秀”、一种读书人惯有的“无病呻吟”。因为，现实有时就是以一种近乎残酷无情的姿态向我们冷冷地昭示：无论你承认还是不承认，一个人的有形生命延续时间的长短，其实真的是我们自己往往很难预料和掌控的。但是，能否让我们自己有限的生命光阴过得有滋味、有意义、有价值，是完全取决于我们每个人的内心的。基于这一点，就益发显示出我们每个人追问一下自己究竟准备过一种怎样的人生的重要性。

在我看来，作为教师，作为从事点化、润泽那些天真烂漫的生命，使他们获得精神上的健康发育，引领他们的精神生命更多地趋向真、善、美的使者，我们确实该有一些超越一般世俗的较高的理想情怀，确实该有一些不同于他人的对生命高度、对完满人生的思考与追求。

虽然我们都是平凡的人，也许穷尽一生也难以达到所谓“辉煌”的生命高度，但是，当有一天我们在回首自己的人生时，能够感到自己已经为生命之理想、之高度而追求过了、努力过了、奋斗过了，已经尽到了自己所能尽到的力量和责任，并且留下了一行让自己感到宽慰的人生足印，不就算得上是一种完满的人生了吗？……

正如有人所说：生命是有限的，生命也可以是无限的。而如何将我们有限的生命化为永恒，关键就在于每个人的内心，更在于我们每个人的行动！

那么，就让我们为了自己将来有一天扪心自问时，能够感到内心平静、坦然和无憾，不妨都来认真地想一想诸如“完满人生”“生命追求”等这样一些看似老生常谈的词汇，琢磨一下蕴含在这些词汇背后的丰厚内涵，做好我们当下该做好的每一件事情——无论是关乎事业的、关乎社会的，还是关乎家庭的……

**每个人的生命高度其实就是每个人自己的内心高度啊！**



# 做生命的歌者

## 01

这些年，似乎大部分教师都不太喜欢再被人们称作“春蚕”“蜡烛”之类。于是，有人就提出了诸如教师是“火箭”“灯塔”之类显得很“高大上”的新式称呼。但是，细细想来，此类“与时俱进”的美称，总让人有一种挺别扭的感觉。譬如，同样是做教师的我，如果哪天一不留神被人十分尊敬地赞誉一声：“老师，您是一枚火箭啊！”不知其他教师同人听到如此的“尊称”会感到怎样，反正我是会觉得十分不自在的。在我看来，对“教师”二字做出如此的诠释，同样是不那么贴切和让人接受的。

那么，对“教师”二字，我们究竟该做何诠释才比较接近其真义呢？

我知道，对于“教师”这个名词，一些辞书常常将其解释为“知识、技能的传授者”，这看上去似乎没有什么大问题。可是，如果连我们这些做教师的也把这种诠释视为圭臬，从而只是一味沉湎于知识、技能传授的“技术流”的快感之中，我们是否也就因此而在实质上迷失了教师这个职业角色的应然所在呢？

也许正是有鉴于此，诸多中外学人对于教师该如何去做，都曾进行过颇为深刻的探讨。如，印度哲学家克里希那穆提就曾反复强调：“教育者并不只是一个传授知识的人。他是一个指向智慧、指向真理的人。”① 要获得正确的教育，育人者必须“了解生命的整个过程，而不只是依据一些新的或旧的公式来教育别人”②；“对于真正的教师来说，教育不是一项技术，而是他的生活方式……”③我国现代著名学者朱自清先生亦说道：“教育的价值是在培养健全的人格，这已成了老生常谈了。但要认真培养起来，那却谈何容易！第一教育者先须有‘培养’的心，坦白的，正直的，温热的，忠于后一代的心！有了‘培养’的心，才说得到‘培养’的方法。”④

**所以，在我看来，教师这一角色，实际上应当被诠释为“生命的歌者”才比较合适**。因为，我们每天所面对的都是一个个鲜活的生命，我们所从事的这个直面生命的职业，实质上

---

① ［印］克里希那穆提著，张南星译，《一生的学习》，群言出版社 2004 年版，第 111 页。

② ［印］克里希那穆提著，叶文可译，《人生中不可不想的事》，群言出版社 2004 年版，第 55 页。

③ ［印］克里希那穆提著，张南星译，《一生的学习》，群言出版社 2004 年版，第 128 页。

④ 朱自清，《教育的信仰》，载 1924 年 10 月 16 日《春晖》第 34 期。

就是在用我们旺盛的生命之火来不断地点燃孩子们那更加旺盛的生命之火。我以为，“教师”之所以会受大多数人的尊敬，抑或被大多数人视为“神圣”，可能其缘由也就在于此。

由此看来，教师虽然似乎真的不该去做“春蚕”或“蜡烛”，但教师职业本身所蕴含的“春蚕精神”或“蜡烛精神”难道真的也不再值得我们去弘扬了吗？

我对那些标新立异，颠覆传统教师职业精神的观点表示怀疑。

那么，教师应当成为“生命的歌者”，这又意味着什么呢？在我看来，这至少意味着——教师应当是用生命在“歌唱”（教育教学），而不仅仅是用技巧在“歌唱”（教育教学）！

因为，就生命而言，仅有“技巧”是永远不会真正打动别人的灵魂，甚至也不可能会真正打动我们自己的灵魂的！——而如果你的教育教学行为不能真正打动人的灵魂，那么也就只能遗憾地被我们称作“无效的教育”或“无效的教学”了！

我不奢望我的观点能被他人所认同或所接受，但我至少希望自己首先能够争取成为一名真正的“生命的歌者”！——因为，这不过是仅仅想尽量对得起“教师”这个让人爱也让人痛的称呼而已……



## 02

在我看来，教师作为“生命的歌者”，实质上是一种精神的存在。

——教育是人类爱与职责的载体，是一项基于生命，为了生命，发展生命，美化生命，促进人的生命质量、生命境界不断得以提升的崇高事业。教育的意义在于“赋予人以价值，并不断提高这种价值，使受过教育的人的生命更具有意义，更能为他人、为社会所接纳、所需要、所尊重”①。即教育的根本价值在于引导“人”的生成，在于促进向真、求善、求美的人性之完满。所以，教师的生命之歌，也就在于张扬教育的生命之意义，在于促进“人”能够“诗意地栖居”。

——老子当年曾悟出“道可道，非常道”的经典哲理，堪称深谙“不言之教”的真谛；而庄子亦曾提出教学应“言无言”。也就是说，“无言之教”还是需要“言”传的，而只有达到无言之境才是教学的大境界。即便如张载所高扬的“为天地立心，为生民立命，为往圣继绝学，为万世开太平”的豪情与风骨，亦可在不言之中传递出去。的确，教育本应具有“明明德”的高追求，而教师则亦应当具有实现“大学之教”的大境界。倘若有人认为这种大境界仅凭着某些看上去尽显华丽的“包装技术”，或是某些枝节性的“精细雕技”就能实现，则不能不说是非常幼稚的。

——教师的生命成长需要经历不同的阶段，从这个角度来讲，从“志于道”到“游于艺”，亦可以看作用追求至高审美境界来唤起成长的需求。“游于艺”是指技术、技艺达到了得心应手的程度，从而进入了艺术化的“畅游”的自由状态，这是一种超越“自律”的“审美自觉”的境界，是道德、人格和技术的生命化的耦合。当教师的身心真实地处于一种审美自觉的境界时，教育的所谓“生命境界”也就达到了。由此，

① 鲁洁著，《超越与创新》，人民教育出版社 2001 年版，第 396 页。

教师所进行的教育教学工作也就自然而然地变成了一种幸福与优雅的生命活动。

教师作为“生命的歌者”，实践的是一种生命之教。

——以生命存在为基础。对学生来说，他们需要的首先是一种存在感很强的生命感受，而其中身体的感受是第一位的，他们会通过视觉、触觉等来获取并表达自己的身体意愿，并将由此意识到自己在教育教学中的地位、作用，以此感受来决定他们对自我精神状态的积极或消极的控制。也就是说，每一个生命个体都是以生理感受、直觉感受为生命存在的基础的。其实，在教育教学的认识论中，最容易忽视的就是学生的生命存在，即忽视学生作为生命个体的最基本的生理感受、直觉感受。而他们的生理感受与最直接的心理反应紧密相连，构成了参与学习的基本状态。对于教师来说，要想认识并理解学生的生命存在，就要意识到学生的现实感受，意识到学生作为生命个体所具有的独特性和差异性，这种差异性决定了学生的发展是个性化的，是有着敏感的心灵参与的，是需要呵护、关怀的，而不喜欢强制、命令式的要求。

——以生命需要为动力。我们知道，学生的需要是多层面的。人本主义心理学家马斯洛的需求层次理论提出，人的需求分为缺失需求和生长需求，具体包括从最基本的生理需求到自我实现需求等五种不同层次的需求。教育教学也是从每一个学习个体的基本需求出发，来满足他们最高层次的生长需求，特别是精神需求。从学生需求出发的教育，在于能协调学生的各种生命发展需求，关注学生的学习状态、学习兴趣、学习意愿、精神需求、发展水平等，以学生的发展需求为基点，促进学生主动、健康地发展。所以，作为教师应该意识到，学生的生命需求是一种学习动力，应当把满足学生的需求作为一种原则和策略，根据学生的需求来施教。

——以生命审美为理想。审美是一种境界，是人的情感的高层次体验。审美作为一种情感状态，与感觉、想象、情感、体验和直觉等是联系在一起的。因此，学生的生命发展过程在很大程度上也是其审美情感发展的过程。审美不只是对美的观察与发现，而是生命体对于外界事物的亲身体验，是生命内在与外界的沟通过程。那么，究竟如何让学生的美感产生，如何让学生的精神境界、情感层次得以提升，这就对教师提出了一个具有超越性的课题。从这个意义上来说，理想的学校教育就应当是充分关注到学生的精神与情感层面的教育，是将学生的发展提升到认知与情感相结合层面的教育，亦即提升到生命审美层面的教育。

可见，只要站在生命成长的基点上来观照教师的专业发展，我们就会发现，教师专业成长与发展的过程，实质上就是追求教师道德与智慧完善的过程，就是要让教师在知识与价值、认知与情感、智慧与道德的同步发展中，最终真实地品尝到因作为教师这个角色而产生的幸福感。

是的，教师的生命成长与学生的生命成长本来就应当是浑然一体、同步推进的。也正是从这个角度而言，所谓促进教师专业成长与发展的根柢，就不仅仅是要促使其专业知识的不断丰富和专业能力的不断提高，更为重要的是要力图实现教师的价值生命和精神生命的持续发展与超越。而作为教师，只有真正踏上这样的职业生涯发展之路，才可能做到优雅地“慢慢走，欣赏啊”！

# 呼唤忧患意识

## 01

那年初冬。沈阳。晨，大雾。清冷。

在距告别这座城市只剩下最后3个多小时的时刻，我顶着瑟瑟寒风，独自来到了那个在心中早已萦绕多年的特殊纪念地——“九·一八”历史博物馆。

许是来得太早的缘故（但愿如此），偌大的“九·一八”纪念碑前，居然只有我一个人。除了偶尔从纪念馆背后隆隆驶过的列车之外，一切都显得那么安静。

纪念碑是在1999年立的。碑体呈巨大的打开的日历状，黑色的数字上分布着几个具有象征意味的巨大弹孔；碑的左侧，则是一座静悬的黑色警世钟，钟上的铭文在昭告世人永远警醒，勿忘国耻。



在纪念馆入口处，高大的墙壁上有一尊用46吨重的青铜铸成的巨大主体雕塑《国难》，在那片具有象征意味的用青铜浇铸的“黑土地”上，是一群群被日本侵略者残害、正在受难的老百姓。那些颠沛流离、倒在漫漫逃难路途上的乡亲，那些扑倒在死去的母亲身上孤独无助的孩子，那些层层叠叠、触目惊心的累累骸骨……似乎都在向这个世界发出悲恸的呐喊和控诉！

我独自伫立在这座黑色的巨型雕像前，久久地，脚步难以移开。有一种深深的痛，渐渐弥漫心头……

就在前一日与当地教师的交流活动中，我在自己的漫谈中一开始便引用了原在广东省工作的夏辉辉老师所写的题为《从唱国歌所展开的历史教育》一文的内容。在那篇文章中，夏老师痛心于学生“周一早晨升国旗奏唱国歌时，近3000人的大操场，几乎听不到唱国歌的声音”的尴尬、麻木状况，进而对我们时下某些已经走向迷失的教育行为做了深刻的反思。她用冷峻的笔锋写道——

站在学生后面，看着那些连国歌都不愿唱的高中生，作为历史老师的我，想到的不是南郭先生，而是60多年前那场南京大屠杀。

在那天的历史课上，带着清晨的思索，我给学生准备了几段素材。

第一段素材是关于南京大屠杀的。一个台湾老兵——南京大屠杀的幸存者回忆那段历史时写道：

“我们2000多人被5个日本兵押到草鞋峡去屠杀，在行走的路上我感到不对，和其他人商量拼上几十条命杀掉5个日本兵大家逃命，回答我的是沉默、沉默。……”

不知道那2000多人在草鞋峡面对日本人的大量机枪时是怎么想的，要不是那个老兵躲在尸体下面逃过了这一劫，我们可能永远不知道这个故事。

第二段素材是“二战”中的列宁格勒保卫战。列宁格勒被围900天，苏联军民死亡90余万人，是南京大屠杀遇难人数的3倍多，但是他们消灭了20多万德军。更重要的是，他们绝不后退，即使在城市大部分地方被德军占领的情况下依然顽强战斗，最终将德国人赶出了列宁格勒。

列宁格勒是一座伟大的、英雄的城市，连当时的英国《旗帜晚报》也发出这样的称颂：“列宁格勒的抵抗乃是人类在经受不可思议的考验中取得辉煌胜利的一个榜样。在世界历史上也许再也找不到类似这样的抵抗。”

……

在一个“臣民社会”里，每个人都想着自己是为别人而活，在关键时刻总觉得会有人来庇护自己——庇护自己的，不是主子便是集体。而在一个“公民社会”里，每个人都是国家的主人，如果能想到自己代表国威，体现国仪，维护国家的尊严与安全，那你就能做到在空无一人的广场上，独自一人唱国歌、升国旗。

讲完后，学生们都不出声。我接着上正课了，心中涌起真正的悲哀——真的，这种“臣民教育”的方式再继续下去的话，很难培养出合格的公民。有人说，犹太民族是有灵魂而没有家园的民族，而我们作为有家园的中华民族，灵魂到哪儿去了？……



也许是我在读这篇文章时，语气中不由自主地带上了一种感情色彩的缘故，我注意到，当时在座的老师们大多变得神情肃然，可能同我一样，心灵也受到了一定程度的冲击与震撼吧？那么，这究竟是一种什么样的力量，唤醒并震撼了我们可能已经渐渐变得麻木抑或生锈的心灵呢？……

此刻，站在“九·一八”历史博物馆前，那个答案似乎一下子在我眼前变得清晰起来——那强烈撞击着我的心灵的力量，大约就叫作“忧患意识”与“责任感”吧！

是的，这些年，“忧患意识”这个词语似乎已经远离了我们不少人（大概也包括像我一样的一部分教师在内）的视野，自然也就遑论由忧患意识而形成的“责任感”了。我们更多地谈论的是社会对我们的种种“不公”，更多地讨论的是我们的劳动应当得到多少“报酬”，更多地埋怨的是我们付出了那么多心血，却并没有受到社会真正的“尊敬”，等等。以至于谁在当今再提倡“春蚕精神”“蜡烛精神”，谁便可能招致讥笑或遭到群起而攻之，落个自讨没趣的结局。这一切似乎都可以理解，但这种“可以理解”的局面真的就是正常的吗？设想一下：如果我们做教师的全是如此，那我们又怎能指望在我们的所谓“教育”与影响下的学生们，能真正拥有一种“我代表国威，体现国仪，维护国家的尊严与安全”的坚定信念，并真的能做到即便是在空无一人的广场上，也会独自一人唱国歌、升国旗呢？

人在任何时候，都不能没有一点忧患意识和责任感！——尤其是对于担负着促进花儿一样的青春年少的稚嫩生命日臻走向成熟、走向升华的教育重任的教师来说。

难道不是吗？

## 02



其实，在今天，即便是那些常常被我们认为还不懂事的孩子，也许对教育问题的思考在某些方面已经不逊于我们这些被称作教师的成年人了！——甚至，还可能会让我们惊讶地感到自愧弗如。在这里，我不禁回想起一段令我难忘的亲身经历。

那天，我在黄河岸边的一所县城中学与部分高中生对话、交流。临别时，一位显得很文气的男同学塞给我一张纸条，上面有这样几句话，使我不能不感到汗颜：“我一向推崇全面发展，（对此）有人赞许，有人反对，说我不实际。（但）我自己追逐（求）全面发展。……”接下来，他又毫不客气地尖锐写道：**“似乎现在没有老师再给我们讲‘做人’了！”**

老实说，我根本没想到我们的中学生居然能有如此深刻而锐利的见解。尤其是后一句，让我感到吃惊和震撼。

他，这位被称作“学生”的很文气的男孩儿，给我这个被称作“老师”的成年人上了极为深刻的一课！我在想：我们究竟凭什么被学生们恭恭敬敬地尊称为“老师”呢？仅仅是因为把他们引领进知识的大门，我们就可以心安理得地享有这种“恭敬”吗？

事实上，学生渴盼的是老师既能给他们以智慧的启迪，更能给他们以“做人”的教诲。——他们的精神生命，在急切地期待着我们这些被称作“老师”的人，来引领和点燃啊！

可是，“似乎现在没有老师再给我们讲‘做人’了”，面对学生那近乎绝望的责问，我突然有了一种如坐针毡的感觉。是的，看来我真该认真地扪心自问一下了：我，一个连自己都已基本上淡忘了“做人”这两个字眼的人，果真还能够在面对那一双双尊敬地注视着我的眼睛时，不会低下头去，做到面不改色，坦然自若吗？



## 03

一位学人曾提出这样一个鲜明的观点——“思想是名师之魂”。对此，一位普通的中学教师深有同感，于是，出于面对学生时的“责任感”的驱使，她在自己的博客里写下了《做一个有思想的教师》和《有思想的教师应当怎样》两篇反思随笔。孰料，这竟惹来了一场莫名其妙的风波。在短短一昼夜的时间内，居然在网上引来了大约两万多人近乎疯狂的“围追堵截”——嘲讽、谩骂、责难（当然，其中也不乏理性的分析者和支持者）……

就这样，一个因痛感自己的差距而想努力提高自己，希望能成为一名“有思想的教师”的中学教师，一不留神，居然就成了千夫所指的“罪人”！

可是，难道真是这位中学教师错了吗？

一个天真的孩子问：这个世界上最美丽的颜色是什么？

一位哲人认真地思考了一下，郑重答道：是“羞色”。接着，他又重复了一句：**“羞色”才是这个世界上最美丽的颜色**。

我觉得，这个回答是颇值得我们揣摩和回味的。哲人究竟是在告诉我们什么呢？

我问我自己：我，如果没有了理想，没有了忧患意识，也没有了责任感，那么，我还能指望自己拥有那种世界上最美丽的颜色——“羞色”吗？

当我们中的许多人已不再将“春蚕”或“蜡烛”等作为教师精神的象征时，有人曾为之欢呼：这反映了教师主体意识的觉醒，是一种人性的复归！

这种观点不无道理。但在“春蚕”或“蜡烛”背后所蕴含的那种长久以来被人们所歌咏的崇高精神，果真就完全落伍于时代，根本不值得我们敬重了吗？

当某些同人（当然，首先是我自己）以此为借口来推诿、漠视我们对学生所肩负的责任时，可能已经忘了这么一个最简单的道理：我们与学生都是平等意义上的“人”（生命），可是，学生有一点是与我们不同的——他们还只是处在人生“蹒跚学步”成长期的孩子，他们还是一些更需要我们这些成年人“帮一把，扶一程”的人啊！

如果还没有完全忘记这一点，那么，我倒想劝那些对那位只是想做一个“有思想的教师”（且不管她的谈论中尚存在多少有待商榷和完善之处）的中学教师“吐口水”的“看客”，在谩骂、讥讽之余，能够冷静下来，摸一摸自己的胸口，找一找自己的“良知”还安在否？

## 04

偶然在网上看到一个贴吧里有人为教师究竟应该成为“专家型”教师，还是“科研型”教师，抑或“魅力型”教师而各执一端，争论得不亦乐乎。

我尚有自知之明，我这辈子大约只有望着各“型”教师兴叹的份儿了。我很没有“出息”，因为我最大的目标只不过是——倘若有一天我能够成为一名被自己的一批批学生都基本认可的“有责任感的老师”，就心满意足了。

不是吗？

如果说，思想是为师之魂，文化是为师之境，那么，我们是不是还可以再引申出这么一句——**“责任是为师之根”！**

是的，如果失去了忧患意识，我们就可能会对“责任感”之类的话题嗤之以鼻；可如果我们真的已变得毫无“责任感”可言，那么即使我们拥有了物质方面的一切，又能怎样呢？若如此，那我们在事实上就已经等于失去了一切！我们的生活，亦将会因此而变得黯然失色、毫无意义可言……

我是在杞人忧天，夸大其词，危言耸听吗？

——但愿如此。

令我没想到的是，我对自己的灵魂所做的以上这番拷问，居然也会在网上引来某些人的谩骂、攻击、不痛快。老实讲，对这样的状况，我既没有想到，也有些愕然。进而，我又在想：这究竟是偶然、还是必然呢？

也许，我唯有无语……

# 卓越何以可能

## 01

在一次面对10万名教师的大规模远程研修过程中，我与我所敬重的两位年轻教师就“教师的职业生活”这个话题，做了一次愉快的、推心置腹的对话、交流。许多观看了这个对话视频的教师朋友给予了高度认同，特别是对于那两位一线高中教师的现身说法，更是感慨有加。

当然，也有不以为然的声音。

一位教师在网上留言：他们都是成功的教师，我们学不来，我们更需要朴实的典型！

面对这样的诘难，我在想，为什么我们在看待今天这些所谓“成功”的教师时，常常只看到他们光彩照人的一面，而完全忘了或想不到他们为取得今天的成功，在10年、20年，乃至30多年的教师生涯中所付出的艰辛、汗水与泪水呢？

有些人之所以平庸，大约就是由一种自甘平庸的心境所决定的吧？有些人之所以一辈子也成不了卓有成就的教师，大约也是如此缘故吧？

生命的价值在于永不停滞地执着进取。在我看来，这是人生的真谛之一。由此，我认为，在这个世界上，尤其是在教师群体中，那些为自己的“没出息”而没有出息地百般寻找“没出息”的理由或借口来求得慰藉的人，是最没出息的人。

我这样说，似乎显得有些苛刻了。可事实难道不就是如此吗?

我永远也不相信，在这个世界上，天上居然会莫名其妙地向我们脑袋上一个劲儿地掉馅饼；我也当然不会天真地相信，在这个世界上，有什么“超人”或“救世主”存在。

这是一个最浅显的道理。

——其实，说到底，**每个人就是每个人自己的“救世主”啊!**

## 02

在一次小学科学课程骨干教师研修活动中，我为了向现场的教师们说明在课堂教学中应当特别注意科学精神最基本的内涵之一——“求真”，顺便运用了江南某地一位小学教师所叙述的下面这个案例——



### 我和孩子们的一次科学探究①

在上“地层”一课时，为了说明地层是怎样形成的，我根据教材内容，为学生演示了一个地层形成的模拟实验，即照着教材上的实验步骤进行操作，把小石子、粗沙、黏土掺和起来倒进杯中，再往杯中倒进一些水，用小棒搅动水，使水很快运动起来。然后停止搅动，使水的运动速度逐渐慢下来，观察其现象。

教材设计的这一实验，其目的在于解释地层的成因，即地层是在沉积的过程中形成的。当江河水从山区流到平原，流速变得缓慢时，或者流入湖泊、海洋时，水中的搬运物会沉积下

① 陆启威,《关注科学细节　守住精彩瞬间——记我和孩子们的一次科学探究》,载《小学青年教师》2005年第8期。引入内容有改动。

来。由于江河水中的搬运物有大有小，有轻有重，于是就会按照由重到轻的顺序依次沉积石块、沙子和黏土。文中的模拟实验插图展示的也是这一结果，即最下面一层是石子，中间一层是沙子，最上面一层是黏土。

当水中的几种物质都沉积下来后，我自信地把那杯水拿给各组学生看，希望从他们嘴里说出我早已料定的结论。事实却出乎意料。第一组的学生刚看了一眼杯子，就叫开了："啊，怎么会是这样？最底下的一层竟是沙子！"（显然，这一结果在他们的意料之外）我一惊，不觉伸长脖子，探过头去看个究竟。这才发现真如学生说的那样，杯子的底部是一层厚厚的沙子。

为了避免场面的尴尬，我随机应变道："可能是刚才老师在搅拌时用力不够，没有把沙子搅动起来。现在老师再做一次实验，看看结果究竟会怎样。"在接下来做第二次实验时，我用力搅拌，让杯中的物质迅速转动起来，然后将杯子静置在桌子上，等杯中的三种物质沉积下来。我看到学生的眼睛扑闪扑闪地盯着杯子，仔细观察着杯子里的动静。当三种物质都沉积下来后，杯子最底层的物体依然是沙子而非石子。

我是按照教材上的实验步骤进行操作的，为什么会出现与教材上不同的结果呢？我为每个组配上了同样的材料，让学生进行自主探究，结果还是像刚才那样。问题出在哪儿呢？

生：书上的实验结果是错的。

生：先沉积石子，后沉积沙子，书上的这一说法没有错，要是有错，就只有一种可能（紧皱眉头），那只能是实验出了问题。

师：我们可是按照教材上的实验设计操作的呀。

生：我说的就是教材上的实验设计有问题。只要是按教材上的做法，把石子、沙子和黏土放在杯子里搅拌，静止下来后，杯底一定是沙子。

师：为什么？能说说理由吗？

生：实验过程我看得非常清楚。石子还未落下，就已经有不少沙子沉到杯底了。

生：我发现当石子、沙子和黏土被搅拌起来后，杯底没有石子，却有沙子和黏土。

生：当搅拌后，石子离开杯底转了起来，沙子和黏土却均匀地分布在水里，并且遍布在水里各个位置，包括杯底都有许多沙子。

师：这能说明什么呢？

生：当石子随水转动时，杯底就已经布满了沙子。这样，当停止搅拌，让水静下来后，石子只能落在杯子底面的沙子上面了。



师：是这样吗？（大家都点头赞同）还有其他原因吗？

生：我认为石子在这杯水里沉下去的速度很慢。搅拌后，水里到处都是沙子和黏土，这些沙子和黏土就阻碍石子向下沉。这就像死海里的盐分特别多，人躺在水面上不会沉下去一样。

师：死海里这种把人向上托起的力是一种什么力？

生：（恍然大悟）噢，是浮力！沙子和黏土使这杯水的浮力增大了，所以石子沉下去就慢多了。有的石子还不如悬浮在它下面的沙子沉到杯底快呢。（同学们由衷的掌声）

师：棒极了！其实石子本来应该比沙子沉积快的，那么，谁来做个实验证实一下呢？

生：准备一小包沙子和几块小石子，在两个相同的杯子中倒入同样多的水，然后把沙子和小石子分别从两个杯子上方的同一高度同时放下，这样就能比出快慢。

（该学生到前面做一个演示实验，结果显而易见，石子下沉速度快。）

师：现在，我想大家一定知道编者在编写教材时忽略了一个问题。谁来告诉大家？

生：他们把泥、沙、石子混合在一起的沉积实验看成分别放在清水里的实验了。他们没有考虑到石子在混合泥沙的水里有很大的浮力。（掌声）

课后，笔者与教材编写组联系，教材编写人员非常重视这一问题，做了多次类似的“沉积”实验。在对实验结果进行比较和论证后，他们认同了学生提出的观点。……

我向培训现场在座的教师们介绍完这个案例后，问：“这部分内容大家是否也曾教过？”

现场有一些教师回应：“教过。”

我又问：“那么，在您做这个实验时，您观察到的实验结果是与教材写的相同，还是与这位老师和他的学生们观察到的现象相同呢？”

他们都不说话了。

我再问：“如果您在做这个实验时，所观察到的结果与这位老师相同，那么，您是否也怀疑过可能是教材上的叙述和插图出问题了？”

没有人回应。

我不死心，抱着最后一线希望注视着他们，问：“那么，您在教学时，究竟是相信自己亲手做的实验结果，还是完全相信教材所介绍的现象呢？”

回答我的依然是一片沉默。

那么，他们为什么沉默了呢？

为什么当我们谈起向学生进行“科学精神”的培育时，几乎没有人不明白那究竟是怎么回事儿，究竟该如何去做；可是，为什么当我们在教学实践中真正遇到关乎科学精神培育的例子时，我们中为数不少的教师同人又往往缺失了坚守“求真”的品性和执着探求真理的勇气与意识呢？而这些，又会给我们那些天真、好奇的学生带来怎样的影响呢？……

虽然我是科学课程的“门外汉”，没有资格对这位教师的实验结论做出权威的评判，但是，我隐隐在想：作为教师的我们，对照案例中那位“较真儿”的教师，是否该有所触动，并从中品出点什么来呢？……

## 03

常听到一些教师为施予学生的教育的实效性不足而叹息，而困惑，而焦灼。其实，我倒觉得这并不是一个多么复杂的问题。



教育是什么呢？对此，有人曾这样表述道：“教育并非仅是知识教学，它是生活方式，是思维方式，是你每天呼吸的空气，举手投足的修养，个人回转的空间。这，在分数的小方格窗里是看不到的。……不要忘记，真正的教育就在日常生活里，在方格以外的纵深和广阔空间里。”他还具体论述道：“教育，本来很平常，不外乎就是师生之间的友好互动，或是一场比赛，或是一次辩论，或是一次谈话，或是一场电影，或是一次春游……在这些活动中，教师便可以实现教育目标。”（郑伟语）

是啊，教育原本就是如此简单、朴素的，那么，当我们慨叹教育的实效性不足的时候，是否想过我们平素的教育行为是否已经悄悄偏离了原本的轨道呢？

我们是否清楚：事实上，**当我们把全部精力都投放到如何绞尽脑汁地提高学生考试的分数上的时候，教育便已经不复存在了**。生命的成长——尤其是如鲜花一样含苞待放的孩子们的稚嫩生命的健康成长，更多地需要阳光、空气和水分，尤其需要拥有一片可以让他们尽情地自由呼吸的蔚蓝的天空。而作为教师，对于孩子们需要的这一切，我们真的了解吗？——如果您说了解，那么请问：您的“了解”是出于您自己的想当然的成年人的想法，还是确实来自孩子们的现实呢？……

还记得那句我们已经说滥了，可能也听厌了的名言吗？——“要想了解孩子的感受，就请您蹲下来。”是的，我们常说，教师要走近学生。所谓“走近”学生，就是指教师要主动地去了解学生。但这还不够，教师还应当进而“走进”学生，真正融入他们当中，成为他们中的一员。而要成为他们中的一员，就必须要“蹲下来”。只有当我们教育工作者“屈尊”一下，真正地“蹲下来”之后，我们才会明白我们的教育同孩子们之间的距离何在，也才能看出我们苦心施予他们的教育，为什么实效性总是难以尽如人意！

事情本来就是这么简单。可为什么我们又总是时常感到疲惫、迷茫，以至于常常发出“教育难”的抱怨呢？

这，真是一个耐人寻味的现象。

## 04

如果我问你：你知道5角钱的分量究竟有多重吗？也许你十之八九会感到有些可笑，或感到有些荒唐。但是，听完下面这个故事，或许你就不再这么认为了。

熟悉我的朋友曾经送给我一个绰号——“工作狂”。其实，我以前并不是这样一个勤奋的人。而且，作为一名教育工作者，我起初也根本谈不上对教师这个职业有什么责任感，或者说有什么忧患意识，甚至一开始反倒有一种对此职业的抗拒和排斥心理。

20 世纪 80 年代初，我大学毕业，本来是被一所地方高校选定到他们那里工作的，但几经周折，最后被分配到了沂蒙山区腹地的一所中学，成了一名中学教师。理想和现实的巨大反差，使我郁闷到了极点，以至于时常把一肚子怨气撒到学生头上。然而，一件小事触动了我——

那天，我所执教的班里的一位女生收到了一封鼓鼓囊囊的信件。里面装的是什么？几个调皮的学生嬉笑着传来抢去。一不留神，信封被扯破了，夹在信纸里的一团皱巴巴的纸币和几枚硬币掉落在课桌上，数一数，一共 5 角钱。这是怎么回事呢？那位女生打开信，没等看完，就一下子伏在桌上痛哭起来。原来，这位女生有一个妹妹，她们的父亲早逝，母亲无力抚养她们，只得改嫁，但继父对她们姐妹俩非常刻薄。为了让姐姐顺利读高中，妹妹只好辍学在家。不知她想方设法积攒了多久才凑了这 5 角钱，却悄悄地全部寄来供姐姐读书。——这哪儿是微不足道的 5 角钱啊，这分明是一个妹妹对姐姐的殷殷期望与深情啊！

我被震撼了。

是的，作为一名教师，面对此情此景，无法不油然而生出一种对职业的责任感和对自己原有的麻木不仁的愧疚感，无法不顿时产生一种要倾注自己的全部心血来努力改变她们命运的冲动！正是这件看上去很小的事情，才使我真正开始思索和意识到教师的责任究竟是什么。在我们的肩头，担负着的是学生们未来的命运啊！也许就因为我们的某些懈怠，而使一部分学生的命运轨迹发生了始料不及的变化！因此，即使我们个人遇到再大的不如意，又有什么理由把自己的得失迁怒到这些无辜的学生的头上呢？

于是，这些年来，每当我工作有所懈怠的时候，眼前便不自觉地浮现出这件小小的往事。也许，这成了我给自己背上的一个“十字架”吧？

可能有人会诘问：有必要如此吗？

是啊，有必要如此吗？对此，也许我只能无语。

## 好教师的境界

### 01



今夜，寂然无声。独坐书屋，冥冥中，我脑海里再一次浮现出“教师的境界”这个并不新鲜的话题。

在我看来，教师不外乎有这么两种类型：一种是“有知识、有能力”的，另一种是“有思想、有文化”的。

我这里所讲的“有知识”的教师，指的是那种在传授课本知识方面中规中矩，甚至其知识面可能还比较广，讲起某个典故也能滔滔不绝的教师。但遗憾的是，他们的优势仅在于此。至于课本知识中所包含的思想、情感和精神等真正富有教育价值的文化因子，他们却从来也发现不了、意识不到，自然也就遑论使学生的精神文化品位能从中获得真正意义上的提升了。

我以为，这种教师充其量只能被称作“知识篓”型的教师，尚不能算得上是合格的教师！——哪怕他们的学生在某些仅仅是以"知识立意"的考试中取得了似乎是值得扬扬得意的分数。因为，从教育者所理应担负的智慧教育、文明教育和人格教育等主要任务来看，不仅后两者他们根本谈不上能完成，就是前者恐怕也难以真正去落实。因为，如此复印机式的"知育者"（课本知识的机械传递者），又怎能算作真正意义上的"智育者"（智慧的培育者）呢？

还有一种教师，他们除了能在课本知识传递方面基本不会有多大失误之外，还能注意尽量培养学生的学科基本能力。我们姑且把这类教师叫作"有能力"的教师吧。此类教师显然比上面所说的那种"有知识"的教师要高明一些，甚至应当说这已经是挺不错的教师了。但是，在我看来，这依然并不是我们心目中所期冀的"好教师"。因为，这类教师仅仅是把对学生单一的思维能力的培养当成了教育教学行为的最高追求。显然，这种教师的境界，仍是有待提高的。



我们都知道，教育是一项直面人的生命的事业，是为了促进人的生命整体质量得以不断提升的事业。正如众多的思想家所苦口婆心地告诫我们的那样，"教育是人的灵魂的教育，而非理智知识和认识的堆集"（雅斯贝尔斯语）；"教育的最大任务在于产生一个完整的人"（克里希那穆提语）。因此，作为一个受过教育的完整意义上的"人"，显然就不只是以仅仅拥有知识乃至所谓的能力为目的，而更应当拥有属于人的向真、向善、向美的情感、态度与价值观的追求。换言之，使学生拥有怎样的人格境界，这才应当是教育作为"人的教育"的根本性诉求。所以，如果一位教师的全部教育着眼点和着力点仅仅在于知识与能力的传授，而对情感、态度与价值观漠然视之，那么，如此辛辛苦苦所培养出来的一代人，就有可能只是一些片面发展的"畸形人"，甚至只不过是一些对社会、对他人情感冷漠的高级“思维动物”而已。这种结果显然是可怕的！这绝不是我们所期盼的现代公民社会所呼唤的真正意义上的“人”，自然更是与教育的应有之义完全相悖。

那么，真正意义上的高境界的好教师究竟是什么样的呢？我的看法很简单，一言以蔽之——有思想、有文化。

## 02

多年前，我在接受一家媒体的专访时，阐述过这样一个观点：**没有思想的教师不是好教师**。也就是说，对一位教师而言，要评价他职业角色的好坏，最为关键的，要看他是不是具有真正属于自己的独立的思想，是不是善于独立思考，是不是勇于不断地进行自我反思。时至今日，我依然认为这一观点并不过时。

我认为，教育的根柢应当在于对学生的文化陶冶、精神培育和公民意识的养成上。显然，这一切如果单靠教师僵化的知识灌输与抽象的泛泛空谈是根本不能企及的。所以，我觉得，这里的关键就是，作为一位教师，自己是否能拥有丰富的、健全的或者说是较高层次的精神世界和文化气质。试想，我们能指望一位灵魂苍白、精神空虚、缺少对事物（历史的或现实的）敏锐的洞察力和穿透力的教师，使学生可以强烈感受到在知识之中跃动着的生命的活力吗？

须知，缺少了思想的知识只能是“死”的知识；只有把我们的思想注入其中，知识所内隐的生命力才可能被真正激活。所以，我们怎能指望在一位精神世界空虚的教师的“造就”之下，学生的精神境界能够获得不断的、持续性的提高和升华？怎能指望这样的教师会使得学生的精神生命获得自由而健康的成长呢？

事实上，古今中外的大量事例已经一再证明，大凡是有成就的教师，几乎没有一位不是善于思考、勤于思考的思想型教师。一位没有思想的教师所教给学生的，充其量只不过是一堆僵死的知识而已，那绝不是我们所热切呼唤和寻求的真教育、活教育、有生命内涵的教育。

所以，在我看来，一位教师在进行教学时应当注意坚守这么两点：一是要带着深刻的思想、真挚的感情去教，教有思想、有感情的知识，做到以思想培育思想，以情感培育情感；二是要让学生在学习的过程中，学会发现，学会探究，学会思想，洞察事物的本质。唯有如此，学生才能真正走进知识营造的精神与文化氛围之中，才能真正地去触摸知识的“思想”与“生命”，全身心地沉浸于文化的熏陶之中，从而实现对人类优秀精神与文化品质的传承和发扬。也许，这才是教育教学的真谛，这才是教师须臾不能忘记的重要职责吧！



## 03

我很欣赏我所熟悉的一位教师朋友的追求——“做有书卷气的教师”。而“书卷气”自然与“有文化”这个词汇是紧密联系在一起的。

我向来是把“有文化”看作为人师者的最高境界的。那么，所谓“有文化”的教师又该是怎样的呢？

许多学者早已指出，从教育的角度而言，教师肩上承担着育人的根本性的文化使命，这就要求他们按照文化发展的规律教化天下，使人们对向真、向善和向美的文明追求程度不断提升。换言之，所谓教师的文化素养，应当是他们身上其他素养发展的依据、支点和纽带，是潜移默化地影响学生人生价值取向的最基础的素养。从这个意义上讲，教师的文化使命就是“立人”。古人云：“观乎天文，以察时变；观乎人文，以化成天下。”说的就是这个道理。

在我看来，在今天，一位具有教育家风范的教师，或者是一位正在向着教育家境界而执着努力追求的教师，首先必须思考的问题就是，如何才能使学生成为既拥有知识和能力，又具有一定的文化涵养与文化品位的人。

毋庸讳言，时下不少学校里存在着这样的状况：虽然学校的外观看上去颇为漂亮，教学设备也很现代化，校园内还点缀着错落有致的园林式景点建筑，却总让人感到仍然缺少一种属于学校自身的个性化的涵养学生精神世界的文化气质；而不少教师时常显示出一副满腹经纶的样子，却很难掩盖住其缺失文化内涵与底蕴而流露出的苍白、肤浅，或者说，缺少了一种书卷之气。在这样的学校和教师经年累月的熏陶之下，一批批学生可能拥有了所谓的“知识”（仅仅是局限于课本之中的），却还是走不出那个被人普遍诟病的“有知识而没文化”的怪圈。

由此观之，我们当下的学校实在是太急需注入强劲的文化气息了！而身在学校之内的每一位教师尤其需要率先拥有文化的眼界、文化的涵养、文化的品行、文化的力量！在我看来，只有教师首先真正成了“有文化”的人，学生才有可能真正成长为“有文化”的一代新人。

人创造了文化，文化也创造了人。我们的学校所从事的就是由文化的传承、累积与不断引导而走向创新的事业，但学校自身并不会自动生成文化，这就需要教师的不懈努力。正是从这个意义上来讲，教师的伟大之处，就在于能够把人类的、民族的生生不息的优秀文化基因，转化为具体的教育任务和可以实现的教育目标，并在日常的学校生活中贯彻、落实下去。因此，作为一位教师，就必须是一位真正拥有文化底蕴与文化品格的智慧导师、心灵导师和精神导师，而不仅仅是一个只会机械“搬运”知识和玩弄“技术”手段的教书匠人！

有人说，文化是一个民族存在和发展的灵魂和精神标志。因此，作为站在民族发展命运线上的教师，就必须要努力使我们的学生都能够成为具有深厚文化底蕴的人，绝不能放弃对这项重任的思考和探索。每一位教师都应当自觉地从国家发展和民族兴旺的高度，去努力培育具有高尚精神境界和深厚文化素养的新人。这，也许就是教师的文化使命之所在吧。

## 04

是的，我认为，“有文化”是一位好教师的境界。有朋友马上提出：你能否举个例子，具体说明一下这种“有文化”的教师究竟该有着怎样的行为表现呢？这位朋友提的问题确实有理。“有文化”确实是一个难以言传的概念，让人有些难以捉摸。



不过，多年前，当我偶然读到一位小学教师所写下的教育心得《“班本课程”：诗意让教育如此美丽——我与孩子们的“经典”情缘》之后，我的第一感受便是：像她那样的教师，就可以称得上是一位我们所期待的“有文化”的教师了。

我之所以认为这位教师“有文化”，固然在于她所拥有的一般人所难以企及的深厚的中国古典文学素养，固然在于她所创立的以中国古典文化为基点，以诗词咏诵、感悟和创作为特色，以构建诗化教育生活为目标的“班本课程”——经典“诗教”，固然也惊诧于她的学生不仅熟知大量的古典诗文，而且均能由“仿”而“创”，出口成章，文采斐然等。但是，最能体现出她的不同凡响和文化底蕴的，乃是她对教育精髓的透彻理解与把握。而最能展现她所达到的这种教育文化境界的，在我看来，莫过于那个让她的学生也让我“终于感动”的案例了——

当一个淘气的小学生就这位教师针对课文《十里长街送总理》中的高潮部分而提出的“灵车渐渐地远去了，这意味着什么”这一问题，不以为意地说出“玩完了”的冷漠自语时，这位教师既没有做出一般教师往往会表现出来的冲动的恼怒反应，也没有故意回避或不予理会，而是敏锐地意识到这是一个不应错过的唤醒学生情感的绝佳教育时机，因而她立即果断调整原先设计好的教学程序，就此引导学生在历史英雄人物的精神世界中漫游：从“青山有幸埋忠骨”的岳飞，到“留取丹心照汗青”的文天祥；从“人固有一死，或重于泰山，或轻于鸿毛”人生境界的对比，到对“鞠躬尽瘁，死而后已”精神品格的诠释与感悟……



对这样一个似乎是“节外生枝”的课堂上的小插曲，她竟花费了二十多分钟的时间来加以解决，直到那名调皮的孩子终于真切地理解了“人生自古谁无死，留取丹心照汗青”的高贵品格，并饱含深情地说出“总理虽已殁，千载有余情”的感悟。

我读了上述案例后，不禁感慨万千。尤其是这位年轻的小学教师在叙述完这个故事后所写的几句话，令我非常感动。她说，在这节课上，“我的教学计划没有完成，因为我用了二十多分钟的时间解决了一个‘简单’的问题。但我一点都不后悔，我固执地认为，这种对时间几乎奢侈地支配是值得的，因为这二十分钟换来的是对伟大生命响彻天宇的礼赞。……这是我们生命中不死的二十分钟！我甚至认为，**如果能让一个伟人真正地走进孩子的心灵，不消说二十分钟，哪怕用更长的时间都在所不惜！因为我们的孩子难得感动，我们的教育难得感动！**”①。

如果说这位教师在课堂上面对意外的“插曲”所采取的处理方式，让我们领略到了她那不同凡响的教育智慧，那么，她就此所谈的思想认识与见地，则让我们鲜明地感受到了其思想的深度和所拥有的文化底蕴的厚度。是的，我们可以就她该不该用二十分钟解决课堂上的这个“插曲”展开讨论或表达不同意见，但我们不能不因此而有所触动。重要的是，我们是不是从中深刻感受到了一股强劲的文化气息的陶冶呢？

现在，我们再回到开头谈的话题上来：一位“有文化”的教师究竟该是什么样子呢？我想，看完上面这个课堂教学片段，答案是不是已经基本明确了呢？……



## 05

在这个浮躁而喧嚣的时代里，我们最急需的东西是什么？在我看来，答案也许就是“思想”二字。一位有识之士曾大声疾呼：“没有思想的教师是不称职的，因为他将给一个民族患上思想‘贫血症’带来可能，而我们的教育在很大程度上忽视了培养学生的独立思考能力。”

我非常赞同这一观点。

不是吗？**一个民族最可怕的是思想的贫血，而作为一个有所追求的教育工作者，最可怕的则莫过于教育思想的苍白了。**

① 苏静，《“班本课程”：诗意让教育如此美丽——我与孩子们的“经典”情缘》，载《当代教育科学》2003 年第 16 期。

因为，教育若要真正实现提高学生的生命质量的目的，教育者自身必须先具有生命意识，必须要以鲜活而深邃的思想来培育、熏陶更多的鲜活的生命。这，才有可能使我们民族的未来保持旺盛的生命力。换言之，只有当我们都能够真正拥有鲜活的、敏锐的、独到的教育思想，能够拥有一种更为开阔的教育视野，才能为我们教育事业的发展注入蓬勃的生命活力，也才能保证我们每个人的教育生命不会枯萎。

**“思想使人伟大。”**——看来，17 世纪的法国哲人帕斯卡尔的这句名言，的确值得我们细细咀嚼。

## 06

如果我们承认，教育在本质上如雅斯贝尔斯所言，“是人的灵魂的教育，而非理智知识和认识的堆集”，或者如蔡元培先生所言，“教育者，养成人格之事业也”，那么，教育的全部内容就必然应当是**“生命意义的教育”**。所以，作为教师，如果仅仅会用一种近乎炫目的高超技艺“教书”（传授知识），显然并未尽到为师的全部责任。换言之，教师不是简单的“教书机器”，不是“技术工人”，教师职业的根本职责和劳动价值在于“创造人的精神生命”（冯建军语）！换言之，**教师职业最大的创造性劳动成果，理应是“年轻一代的灵魂”**（王枬语）。即全面“育人”，着眼于促进学生人性的完满，为学生的生命整体发展需要而服务，而施教，这才是教师应有的天职，这才是教师的根本使命。

由此，我在反思：倘若将教师的最高境界仅仅理解为“有文化”是不是依然有些肤浅，是不是依然并没有触及“根”上去呢？

也正因为如此，我愈来愈强烈地感到，要使我们的教育能够真正得以彰显其生命意蕴，就必然需要热切呼唤“生命型”教师的大批涌现，呼唤着教师都能够从“工具理性主义”的束缚中走出来，拥有自由的精神生命和能动的价值生命，努力使自己真正成为学生人格的锻造者，成为引领学生的精神生命获得自由而健康成长的心灵导师、智慧导师和思想导师！

而这种理想的“生命型”教师，至少应具有这样几个特征：一是有着生命至尊的信念和宽厚的人文情怀；二是有着不息的生命激情和执着的进取意识；三是有着勤于思辨的大脑和卓然独立的精神操守。

一言以蔽之，如果你想努力去做一名“生命型”教师，你就没有任何理由不去自觉地做一名真正的“生命的歌者”。



## 07

偶然在一本书中发现有人谈到这样一个观点——“**大教教心**”。这话说得实在是太棒了！我甚至认为，这种观点堪称是对教师职业生命至高境界的一个非常精辟的概括。

但是，有许多教师认为这种“大教”境界在现实中只不过是一个美丽的梦幻而已，能够做到“小教教术”就不错了。试问：这样想，便可以让自己能够做到心安理得、问心无愧吗？

在我看来，如果你是一位真正对学生生命成长具有高度责任感的教师，那么你就应当注意努力提升自我，不断超越“技术”层面，向“教心”的高度迈进。即不仅仅是传递知识，也不仅仅是促进学生的智慧生成，至为重要的应当是须臾不能忘却要切实成为引领学生的精神生命自由而健康成长的心灵导师！——这，恐怕才是一个为人师者对自己的教育人生和生命高度的应然追求。

因此，作为一名教师，如果自身的精神操守卑下，日子过得浑浑噩噩，从未追问过自身生命的价值与意义究竟何在，也从未思考过自己应当努力追求怎样的生命高度和演绎一种怎样的人生，那么他又怎能担当得起引领学生精神生命健康成长的“导师”之称号呢？

## 教师不是技术工人

### 01

教师的作用是什么？教师所从事的教育的根本功能和价值究竟是什么？对于这些已然显得老套的问题，您可能感到大家谈论得已经足够多了——多到甚至已经难以再勾起我们教师群体中的许多同人谈下去或听下去的“胃口”了。然而，从现实中一些教师身上所存在的大量单纯的“技术化”的职业行为来看，这些似乎显得已经不那么新鲜的话题依然有值得我们静下心来细细思考的必要。因为，时下在为数不少的教师同人那里，“技术”意识已经发展到几乎完全垄断并操控他们的思维和行动的严重程度了！

我曾偶然看到一位教师所提供的他自己感到“最满意”的一份课堂教学改革“成果”，题为《假如你是希特勒，“二战”怎么打?》。现摘录片段如下——

在10年多的教学生涯中，我最满意的教学片段就是在讲述第二次世界大战“欧洲战场”时的一幕。战争过程非常复杂，涉及时间、地名、人物、事件等，学生记忆起来很头疼。为了能生动形象地再现史实，我把欧洲的轮廓以地图形式画了出来，给地图上德国、意大利等法西斯国家涂上蓝色；在讲述德国的进攻时，德国每占领一个国家，我就把地图上所示的相应国家涂上红色。接下来我**用生动的语言表述德国的进攻计划和路线，时不时让学生做参谋，替希特勒出谋划策**，再配上形象的图片。**不知不觉中，一场战争进行了半个小时，欧洲变成了一片“火海”。在这个过程中，每个学生都兴致盎然……**

这节内容复杂的课，最后学生的识记效果竟然出奇地好。**课后，许多学生都说，这场战争打得真过瘾**，要是每节课都能这样上就好了……

平心而论，为了使知识的传授过程删繁就简、化难为易，这位教师在教学情境的创设方面委实是下了一番功夫的，其教学设计的“技术”含量不可谓不高。然而，换个角度来看，这个案例又是一个片面关注在教学设计的“技术”上如何独具匠心，而遗忘了“教学之灵魂”的典型。诚如一位教师所点评的那样：“当学生处心积虑为希特勒出谋划策的时候，当学生面对欧洲变成一片‘火海’而兴致盎然的时候，当学生认为这场战争打得过瘾的时候，我们向学生传达了一种什么样的历史观？或许这节课学生的识记效果真的会出奇地好，但历史教学的根本使命是什么呢？……”是啊，这难道不值得我们好好思索一下吗？

而另一位教师展示的所谓“问题分析公式化”的“成果”，则让我有些哭笑不得了。这位教师煞费苦心地对原本多姿多彩的历史学习内容进行了切割、分类归纳，搞出了一大套所谓的应对“公式”。例如，回答历史背景类问题时，就套用公式“背景=政治+经济+思想+科技+……”；面对历史原因类问题时，就套用公式“原因=主观+客观+经济+政治+军事+……”；遇到经验教训或启示类问题时，则套用公式“启示=国情+领导+群众+思想+策略+……”；等等。

必须承认，这位教师能够琢磨出这么一套学习“公式”，绝对称得上“敬业”。仅就应付考试来说，他的这些所谓“公式”很可能是奏效的。但是，教学的根本价值是这样的吗？对于培养学生的精神品格、文化气质和人文情怀，以及引导学生深切体悟历史智慧来说，单凭机械套用这种技术化的所谓“公式”究竟又能起多大的作用呢？坦率地说，我对此表示强烈怀疑。对此，一位同人评论得好：“当丰富多彩、底蕴深厚的历史教学内容变成了这样一些所谓简单化的‘公式’的时候，当学生的大脑被这样的公式‘格式化’的时候，学科的内在魅力可能也就此被‘格式化’了，学生真正的学习能力可能也因此被‘格式化’了，学生作为‘人’的心灵情感同样也会就此被‘格式化’了……”



的确如此。事实上，这就是部分教师在教学设计中一味热衷于手段和形式上的标新立异，无度滥用、炫耀教学技巧，片面追求“眼球效应”，以至于几乎被“技术”意识完全操控了思维和行动所带来的必然后果！

其实，笔者在做中学教师时也没少干过类似的玩技术化“把戏”的事儿。譬如，在指导学生答卷时，要求学生一定做到所谓“答案段落化，段落要点化，要点序号化”；还有什么“管它靠谱不靠谱，先写12345（序号）”……这类技术化的机械流程除了能让学生在考试时浑水摸鱼多捞几分，还能给他们什么教益呢？有一点倒是可以肯定的，那就是：**在诸如此类的“技术化”教学行为之下，我们造就出来的绝不可能是健康发**

**展的富有文化气质和涵养的“完整意义”上的人，而只能是片面发展的“应试高手”！**

在我看来，这实在是一种非常可怕和可悲的现象。教育也罢，教师也好，其肩负的道义原本并非如此。至少，无论从哪个方面来看，教师都绝非一般意义上的“技术工人”！

难道不是吗？

## 02

两千多年前，我国古代伟大的教育家孔子说过这样一句话：“志于道，据于德，依于仁，游于艺。”[①] 倘若站在教育的角度来品读，也许可以这样理解：培养学生，应当要致力于使其志向高远（即“志于道”），以德为根本，以仁为依傍，并使之能够自如地畅游于“艺”之中！换言之，即应以促进学生素质的全面发展为宗旨，对于道德、仁爱、礼仪修养，以及知识、技艺和强身健体等各方面的培育、引导，都要同等重视，使学生能够切实得到全面均衡的发展。在我看来，孔子在这里所表达的观点，既是其内心的育人追求，也是作为以生命为原点的教育发展的必然取向。

对于教育者来说，所谓“志于道”，也就是指要回到“人”之道，这是人们社会生活的根本原则，是根基，而教育回归对“人”的关注，是必然的方向。所谓“据于德”，则明确了回归“人”之道的教育所应有的善良和高尚的品性，这样，教育才能有所“得”。所谓“依于仁”，是指道德主体（师生）的自律，这是道德理性和道德情感的自然和谐，而教



① 出自《论语·述而》。艺，本义是指孔子所崇尚和倡导的教育内容“六艺”（礼、乐、射、御、书、数），引申泛指学生所学的所有技艺、学问等内容。

育进入“孔颜乐处”，则是教育内在主动性唤起的“仁至”之态。所谓“游于艺”，则可以看作一种自在的伦理生活方式，是一种学习审美自觉境界的达成。如此，才是“从心所欲，不逾矩”的，才是师生“乐此不疲”而又允许创造性迸发的理想的教育境界。

这样，教育便拥有了内在的生命意蕴。

那么，作为教师呢？

## 03

在我国对教师的传统定位中，我们大都只是外在地强调要“尽职尽责”。从“教不严，师之惰”（《三字经》），到“君子诲人不倦，而师道必严”（王夫之语），再到今日的教师专业发展和教师职业的各种“规范”，我们常常关注的是教师的“术”与精神的自律，却忽视了教师的“道”与生命的自由，这就恐怕还谈不上是真正尊重作为生命体的教师，当然也就遑论彰显其生命的意蕴了。

由此，我们便可以看到，在很多地方、很多学校，对于促进教师专业发展的理解和行动，更多地被窄化成了一种单纯地对教学技术和方法技巧层面的提高，而缺失了对其精神生命境界层面的引领，缺失了对于生命的足够尊重和敬畏。这样一来，教师所从事的崇高的教育事业也就在实质上被降低到了一种单纯的“术”的层次，而本应以“成全生命”为己任，并且在成全学生的生命的同时也成全自我的教师，亦相应地被置于一种“匠”的位置。如此，教师的生命价值和生命尊严亦就等于在实质上被剥离了。

不是吗？

## 04

20世纪90年代末，《中国青年报》“冰点”专栏刊登过一位孩子母亲的倾诉——《我为孩子讨说法》。

这位母亲有一个8岁的儿子，曾在某市一所省级示范小学就读，然而，后来的一连串遭遇使这位“讨说法”的母亲宁愿带孩子从这所省级重点学校“逃离”，转入郊区一所条件简陋的普通小学去读书。那么，这究竟是为什么呢？下面，就让我们来听一下这位母亲的倾诉——

儿子上的学校是省示范小学，他们那一级有8个班，家长们听说一年级（2）班的班主任A老师最好，是优秀班主任，她的班学生平均分最高。大家都托关系找门子，就想往那个班里挤。我们也是找了关系才进去的，但是不久后的一件事使我意识到，自己可能犯了一个严重的错误。



一年级上半学期的一天，儿子放学回家后问我：“妈妈，什么叫‘有娘养，无娘教’?”我一愣：“你从哪儿听来的这句话?”“A老师说的。”我的态度显然使儿子有些迟疑。“A老师说谁?”“说我们全班。”我无言以对，因为，我不知该怎样向一个刚刚迈进学校大门的孩子解释这句侮辱性的话！

我最后悔两件事：第一，我不该择班，干吗非要多年的先进教师不可，没准儿找一个年轻一点的、有爱心的、思想比较活跃的，还到不了今天这个份儿上；第二，我不该在家长卡上填我的研究生学历，后来很多事就是因为我的研究生学历导致的。

……

在这个学校的三年级（2）班，我感到我的学历不但成了我的耻辱，而且成了我儿子的耻辱，成了他卸不掉的“十字架”！当他做错了事，A老师便拿他妈妈是研究生来教训他：“你妈还是研究生，怎么教育你的……”“你这个研究生的儿子怎么会……”

于是，就有别的孩子奚落他：“你妈是研究生？你妈是研究臭豆腐的吧？”我的孩子回答：“你妈才研究臭豆腐呢！”对方又说：“我妈又不是研究生。”然后双方开始骂脏话……

这位老师曾经这样对我说：“我们班所有孩子的家长，包括我本人在内——我只是中专毕业，你的学历最高，你的知识面最广，可是你的孩子……”我无言以对。

放学去接孩子时想跟老师说几句话，几乎每次老师都是告状，而且从不避讳别的家长和孩子。说着说着，其他孩子就围拢过来，我不愿意继续说了。孩子也有自尊心。即使要教训孩子，我也要回家去打。如果他的自尊和人格被伤害了，他还怎么有信心学习呢？

可我觉得A老师似乎没有意识到，学生也有自尊心。一次，我到教室里接孩子，看见他坐在最前面一排唯一的一张靠墙的桌子边。“看，老师多关心你，让你一个人坐最前边，免得上课讲话。”我一半讨好地说道。

“那是惩罚座位，班上最差的才坐那儿呢！”当着教室里的许多人，A老师毫不留情地甩过一句。

……

课堂上老师骂他：“有娘养，无娘教。”“去告诉你妈，你已经无可救药了！”

儿子还经常被安排和班上一个女生坐在一起。这个女孩子也是在班上经常挨骂的。

……

最让人无法容忍的是，A老师竟然在课堂上当着全班同学的面，奚落我的孩子和那个女孩子说：“看看你们俩，你摸摸我的大腿，我摸摸你的大腿，就像一对儿，亲热得很嘛!”班上“哄”的一声笑开了。

我后来质问她：“你究竟是什么意思？你是多年的优秀班主任，用这种语言说两个不懂事的孩子，且不说他们俩之间没有这件事，就是摸了一下，能意味什么？你到底要暗示什么东西？你究竟要诱导什么东西?”

我最终决定让孩子转学。

班主任骂他，数学老师也骂他。老师的辱骂，成了孩子带侮辱性的外号。我去接孩子时，几次遇到别的同学无端地骂他，甚至指着他的鼻子欺辱他，而我儿子只是满脸的无奈与漠然。我的心被深深地刺痛了！他们只是七八岁的孩子，怎么可以这样侮辱别人和接受侮辱?!

他无力反抗，只能逃避，最直接的表现就是厌学。

一个简单的“看图写话”，他能做一个小时；手工课也是A老师教，这本是一门他最喜欢的课程，但是上学期，他的手工课得了30分，因为有3次手工作业他做了，却放在抽屉里，不愿意交给老师。

……

后来我明白了，孩子已经对这个老师产生了极度的厌恶。只要一上A老师的课，他就无法遏制地想解手。甚至早上已经解了手，上课仍然拉在了裤子上，而上其他老师的课就很少发生上厕所的事。

我请教过一位儿童心理学专家，他说，这是因为孩子对于老师和她所教授课程的厌恶，已经从他的心理反应变成了一种无法自控的生理反应——只要能逃避A老师，他宁肯待在臭烘烘的厕所里。……①



---

① 王伟群，《我为孩子讨说法》，载1998年4月28日《中国青年报》“冰点周刊”。引入内容有改动。

这位孩子的母亲在诉说的最后，有这样几句话，犹如子弹般毫不留情地击穿了我们自以为是或不以为意的麻木心扉！她尖锐地质问道——

现在我们天天谈素质教育。但是，如果教师的素质没有起码的保证，怎么可能期望培养出一代高素质的新人？素质教育的第一条是“德”，而人格教育，心理素质的培养，在一些学校却往往成了素质教育中的一个盲区。①

我必须要说，虽然距这篇文章发表已经过去近20个年头了，然而，时至今日，它仍是一篇令我们每一位从事教育工作的人读来都应当感到汗颜的“声讨”。这是一位母亲被逼无奈之下所发出的应当令我们每一位教育从业者都感到灵魂震颤的呐喊。而事实上类似的情形今天在我们的学校里仍不断上演，我们这些“圈内人”甚至早已习以为常、熟视无睹了。当我再次面对“我为孩子讨说法”这行醒目的大字时，我感到了心灵的沉重。在这位普普通通的小学生母亲的愤懑发问之下，我觉得自己的语言是那么苍白、那么无力，我甚至真的无言以对。

这些年，我们为数绝不在少数的学校教育工作者对于素质教育、课程改革总是敷衍应付、推诿扯皮，而对于“分分分”的节节攀高总是双眼发光、津津乐道。当然，我们偶尔也为眼下中小学生厌学情绪的日益高涨而感到困惑不解，并为此寻找出了几十条、上百条原因。然而，我们唯独忽略了尊重学生的人格、关爱学生的心灵这一基本要求。不，应当说我们对此已经麻木了。

① 王伟群，《我为孩子讨说法》，载1998年4月28日《中国青年报》“冰点周刊”。

《我为孩子讨说法》所发生的地方也许距你我很遥远，但这位母亲控诉的事情仿佛就发生在我们身边。当我们为这位“讨说法”的母亲掬起一把同情泪的时候，我们是否想过：我们自身是否也不自觉地像那位班主任一样做过伤害学生心灵的蠢事呢？

我们总在呼吁社会理解我们、尊重我们，但是，我们对那些一声声尊称我们为“老师”的花季少年们的人格是否尊重了呢？我们对那一颗颗纯真的、幼小的心灵又是否理解了呢？

是的，我们的确应当冷静、深刻地反思一下：教育的内涵究竟是什么？除了分数，我们还应当教给学生什么？而我们实际上又教给了他们什么？……

反思是痛苦的。

然而，**一个不能正视自身现实的民族，是一个没有希望的民族。同样，不敢直面自身内部积弊的教育，也是没有希望的教育**。



我们需要的是勇气，是敢于直面自身的勇气；我们需要的是爱心，是抚慰学生幼小心灵的无尽爱心！

请尊重学生的人格，关注学生的心灵吧！

或许，这才是我们每一位教育工作者应当给予千千万万学生母亲的“说法”吧！

## 教师不能失去生命激情

我从不掩饰自己对富有激情的教师和课堂的偏爱。因为，在我看来，所谓“教育”，从本质上来说，就是一项基于生命、促进生命、美化生命和升华生命的事业。人的生命正是有赖于教育的点化和润泽，才逐步从蒙昧走向澄明，从蛰伏走向觉醒，从原始的混沌状态走向崇高的至善、至美、至真的精神境界的。但是，我们的教育究竟能不能真正对学生发挥出点化和润泽生命的效能，并且这种效能的发挥程度究竟能有多大，关键取决于教师自身是否拥有旺盛的、源源不竭的生命激情。

实际上，几乎每一位教育工作者都非常清楚这样一个最质朴不过的道理：就教育事业而言，教师只有自身拥有了旺盛的生命之火，才可能点燃学生的生命之火；教师只有自身具备了充沛的生命激情，才可能换来学生的生命激情；教师只有自身树立了远大的生命理想，才可能培植出学生的生命理想！

从这个角度来看，一位真正合格的为人师者，必然对自己所从事的教育事业拥有一颗虔诚、执着之心，拥有充沛的生命激情，他的课堂也必定是情理交融、极富有创造性和生命感染力的课堂。

有一次，我有幸现场观摩了全国著名中学语文特级教师韩军所执教的一堂课——《大堰河——我的保姆》。整堂课，韩军老师并没有运用时下广为流行的多媒体课件，也没有刻意采取备受公开课执教教师所青睐的对学生的课桌排列样式绞尽脑汁变花样的把戏，看上去是那样平常、朴素。然而，课一开始，韩军老师对全诗长达 10 多分钟的声情并茂的朗诵，一下子便震撼了现场所有的学生以及包括我在内的听课老师。从韩军老师的朗诵声中自然流溢出来的浓浓的真情，让我们不禁为之落泪。韩军老师也在流泪，但显然绝非是一种虚假的作秀，那是他完全融入诗境之后的真情实感的自然流露。这种强烈的情感共振的效应，实际上就是韩军老师内心深处的生命激情所迸发出来的力量使然！

这些年，出于工作性质的缘故，我也曾在国内不同场合和各种教师培训活动中，就基础教育的课程和教学改革问题，为众多基层的中小学教师授课，与他们交流。每每讲到现存的一些已经被扭曲和异化了的教育现象时，我的语气中似乎总是不自觉地流露出一种不能自已的焦灼和激愤；每每谈及一种近乎"乌托邦"式的教育理想时，我的语气中似乎又总是饱含一种不能自已的深切期盼与向往。所以，大凡听过我的课的学员们，给出的评价提到最多的就是"思想锋芒""感动"和"激情"。有些素不相识的教师甚至因此把我当作知音，向我倾诉他们的生存状态和所思所想。当然，也有对我的这种"情不自禁"的教学风格表示不屑和不解的，在他们看来，一个已"知天命"的人，何必还这么"较真儿"投入和易动感情呢？

其实，我并没有刻意地去"煽情"，这种在课堂上不能自已的激情也许只不过就是身为一名教师的责任感和忧患意识使然吧？



教师不能泯灭生命激情，这意味着我们不仅需要具有高度的责任感，还应当保持始终如一的自我反思意识和深切的忧患意识。说到这儿，我不禁想起了十余年前教育学者蒋国华先生发表的《中国教育改革：眉睫三问》一文中的一段犀利质问："为何我国教育界对党和国家领导人对教育的批评，仿佛采取一种视而不见或不予理睬的态度？"① 他举例说，在1999年我国第三次"全教会"后不久召开的国务院基础教育工作会议上，时任总理的朱镕基同志曾严肃指出：从总体上看，我国的基础教育比较落后。而后来的文献研究表明，面对朱总理的这一批评，我国教育界某些人非但没有半点

---

① 蒋国华，《中国教育改革：眉睫三问》，载《当代教育论坛》2005年第18期。

自我批评，反而只当没有听见似的继续宣扬“我国基础教育在世界上是一流的”这种言论。当党中央把“我国生产力和科技、教育还比较落后”的现状写进党的十六大报告之后，教育界（包括教育部门的官员）反倒流传起了诸如“我国的教育，自硕士研究生教育以下在世界上比较是无可挑剔的”之类的大话。我以为，蒋国华先生的这番话至今仍具有振聋发聩的意义，他切中了时下我们的教育界还少有自我反思意识的“夜郎自大”的现状。

这是一种非常危险的倾向。时至今日，仍有不少教师坚持认为，只要通过所谓强化训练使学生在名目繁多的考试中拿到高分，就说明自己的教学是成功的。一部分教育工作者对现状的麻木和自我陶醉，只能衍生一种不思进取的意识。而这对我们民族的未来将会产生什么样的影响，则是不言而喻的。所以，一位对教育事业充满着激情的教师，必然会是一个知难而进、锐意进行教育教学改革的人。



是的，**一个人的生命机体可以老去，但一个教育工作者的生命激情永远不能老去**。——如果你想使自己成为一名真正意义上的教师，那么，这也许就是你必须要做出的一个应然抉择。

## 倦怠不属于创造性劳动

### 01

下面，我还是想继续谈谈“教师”这个话题。

我知道，在许多人的心目中，教师这个职业大概可以算得上是最平淡无奇、最乏善可陈的了。即便是为数不少的身处其中的教师同人，私底下也常有同样的感触。不是吗？教师每天面对的总是那几十张熟悉得已经有些“审美疲劳”了的学生面孔；活动范围总是“办公室—教室”构成的两点一线之间，守着的无非是机械刻板的“备课—上课—下课”这样周而复始的循环……这样的工作状态，很容易使那些憧憬自己能拥有一个“轰轰烈烈”的精彩人生，企望可以在人生舞台上施展一番“大抱负”的人（尤其是一些年轻的教师）遭受打击，内心滋生出一种失落感和失望感。

于是，久而久之，一种职业的倦怠感、消极感，不经意间便在这种日复一日的程式化劳作过程中，在一些教师的心底里悄悄地滋长和蔓延开来。

一位做中学教师的朋友曾向我讲起发生在他的一位同事身上的真实事例。



由于他们学校近年来规模扩大，所以他的那位同事担负着十几个班的教学任务。这也就意味着，同一个教案的课，那位教师需要连续重复讲十几遍，其中的辛苦可想而知。某日，那位教师走进第 11 个班的教室上课后不久，突然感到一阵反胃，只好停下来，急匆匆地冲出了教室。一出门，他就呕吐了。可是，他的肠胃本身并没有什么毛病。那么，这到底是什么原因造成的呢？后来，那位教师向朋友大吐苦水：“你想想，课堂 45 分钟里念叨的同一套话，我需要喋喋不休连续重复讲十几遍，想想就感到恐怖！你说我能受得了吗？……”

这是一个有点极端化的个案，但它清楚地昭示我们：一旦将与之类似的机械性重复操作的技术行为视作教师这个职业的基本特性，教师就会渐渐找不到“职业兴奋点”，并终致工作热情消减，活力不再，出现厌倦、烦闷感陡增等状态。

教师这个职业劳动的特点果真就只能是这个样子的吗？不，完全不是。恰恰相反，**教育原本是一项充满灵性、充满活力，旨在发展生命、美化生命、升华生命境界的崇高事业。教师的职业劳动对象是活生生的“生命”，而不是“器物”**。因之，这就决定了教师这个职业更多地具有长期性、复杂性和创造性等特点。由此，我们便不难理解，为什么具体到教师日常所进行的最基本的职业劳动——课堂教学，钱理群先生就称其为一项“双向激发的生命运动”了。所以，生命气息、人文气息、生活气息，以及“苟日新，日日新，又日新”的创造性色彩，这才是教师这个职业的突出特征和底色所在。而显然，作为多姿多彩的“双向激发的生命运动”，是不可能被简单复制和机械重复的。常言道，“太阳每天都是新的”。而教师面对的对象——每一天都处在成长之中的学生们，他们那犹如初升朝阳般的生命，每一天又何尝不是崭新的呢？……

所以，教师工作的这种本质特点，决定了教师的职业劳动不是一种机械的程式化操作，不能异化为一种简单的“重复”，而必然是（也本应是）一种极富创造性的劳动。

## 02

事实上，一位对学生的成长有着高度责任感的真正意义上的教师，从来都不会仅仅把自己当成知识的“搬运工”，不会认为把知识从书本上照搬过来，再装进学生的大脑里（就像把书本从一个仓库搬运到另一个仓库里一样），就万事大吉了。相反，他们都毫无例外地会把“收获创造性劳动成果”视为教师职业的一种追求。

譬如，著名特级教师魏书生就曾深有感慨地认为，教师的工作对象是人，而人是千差万别的，要做好教育工作，就得充分发挥创造性。正是这种工作性质，决定了教师必须学识渊博，并且应该每时每刻开动脑筋，针对实际情况和学生的差异，创造性地处理各种问题。

所以，教师之于学生，之于教育，绝不仅仅是文化知识的简单传递者、机械灌输者，而是必须要用自己的创造性劳动，为学生提供更符合其天性、更利于其成长、更有助于其潜能发挥的空间，搭建让学生尽情张扬其个性风采的舞台。而这需要教师自觉地、持之以恒地进行不懈钻研、不懈实践和不懈探索。即如许多人所谈到的那样，教师应成为“研究者”。因为，“研究”是可以帮助我们走出机械重复的泥沼和重新找回职业兴奋点的一条重要路径。

我曾看到一位基层学校的青年教师所发表的尝试“校本教研”的经验体会。文章一开始，这位教师便明确写道：“有的教师总认为教师工作‘年年无新意，日日都枯燥’，我却认为这是个‘常做常新’的职业，因为我对待工作有研究的心态，更有创新求变的行动。同一节课，我愿意用不同的教案来上；同一个问题，我愿意从不同的角度去分析。”接下来，他介绍了自己一个颇为有趣的“研究”事例。

一次，他上作文课时发现，第一节课学生精力充沛，但到了第二节课就不行了，甚至有两位学生竟然趴在桌上睡着了。问起原因，学生反映称，连上两节作文课，感到很累。这位教师随即在全班学生中进行了一项调查，结果显示：上第二节作文课时感觉累的学生居然多达2/3。不仅如此，这位教师根据自己的教学体会还感到，连续上两节作文课也不利于学生收集作文素材。所以他认为，多年来大家已经习以为常的作文课连排的惯例做法，有重新探讨的必要。

于是，他开始了关于“作文课隔天分排”的变革实验。结果表明，实验班的作文课教学效果远远高于其他班级。此后，学校领导将他的这项改革在全校推广。再后来，这个校本小课题实验代表学校参加了全县校本教研成果评比并获得一等奖。评委们给出的评价是：一位普通教师的偶然发现与小心求证，改变了课程表的排序规则，改变了传统的教学思维模式。而这位教师本人也获得了“校本研究先进个人”称号，并逐步成为在当地小有名气的、开展校本研究的“排头兵”。①

其实，在我所接触的教师中，像这样从司空见惯的现象中发现问题并不断执着进取的还有很多。其中，有一位青年语文教师的成长经历颇具代表性。

这位青年教师从事教师工作的前四年，选择的基本上也是片面追求把知识“夯实夯牢”的低水平机械重复式教学路子。虽然这种方式保证了学生考试成绩优秀，但严重抑制了学生的学习主动性和积极性。所以，当终于意识到这一点时，他便不再甘于“重复”了。在不断阅读、反思的过程中，他开始重新审视自己所从事的这份职业，并逐渐对新形势下语文教师应有的定位形成了这样的认识——

做一个有才情、有诗意的语文教师，让课堂充满诗情画意；做一个会生活、会感悟生活的语文教师，让课堂充满生活本色；做一个懂感情、有真情的语文教师，让课堂充满生命气息；做一个拥有想象力和创造力的语文教师，让课堂充满无限可能性；做一个关注人类精神世界的语文教师，让课堂充满思想张力；做一个永不停止探索的语文教师，用执着精神去感染学生……

① 参见史峰，《在这条“小路”上》，载2007年9月12日《中国教师报》“教师论坛”专版。

为了实现上述理想，他在课堂实践中提倡“解读文本，挖掘内涵”“批判思维，引申拓展”“诗词教学，美文赏析”“激情课堂，体验悲喜”“链接古人，探究人文”“课堂延伸，链接生活”……在此基础上，他还提出了一项具有独特个性的主张：追求语文教学的“三原色”，即人性——给语文一抹温暖的红色、感性——给语文一道亮丽的黄色、个性——给语文一片深邃的蓝色。……

我觉得，以上这两位教师所带给我们的启示中，最重要的一点就是：作为教师，必须要跳出教师的职业劳动就是机械重复的认识误区。

其实在很大程度上，我们正是因为有着太多的机械重复而渐渐意识不到学生的可爱，渐渐失去了活力，失去了热情，失去了追求发展的动力，以致我们的教育也由此渐渐失去了灵性，失去了情趣，失去了创新，失去了生命。



早在大半个世纪以前，陶行知先生即坦率地说道：“有些人做了几年教师便有倦意，原因固然很多，但主要的还是因为不好学，天天开留声机，唱旧片子，所以难免觉得疲倦起来。唯独学而不厌的人，才可以诲人不倦。”①可见，教师的职业倦怠现象能否消除，最重要的还是取决于教师的内心，即教师只有在工作中自觉地去创造，才会在这个过程中品尝到职业的幸福。

言及此，我们不妨再来重温一下苏联著名教育家赞科夫的精辟论述——

——教师的劳动非常复杂，要求付出巨大的精力。因此，

---

① 方明主编，《陶行知全集（第4卷）》，四川教育出版社2005年第2版，第545页。

教师倾向于按照学校教科书和学科教学法参考书已经规定好的路子来进行工作，这种现象也许应当承认它是很自然的。

——不！一千个不！我一生中见过许多教师，跟他们肩并肩地工作过。应当说，在每一个教师身上（也许，除了少数例外情况），都有一种创造性地对待自己工作的思想的火花。但是在一些人身上，它熊熊地燃烧起来，于是就造就出一位对教学做出不少自己的、独特的贡献，工作上充满灵感并且取得优异成绩的教师。而在另一些人身上，这种火花却是奄奄一息，就要熄灭了。

……许多事情取决于教师本人，取决于他是否有坚定的目的、顽强的精神和忠诚于他所服务的事业。①

是的，倦怠不属于那些富有活力的创造性劳动者！

## 何谓“为人师表”

### 01

这是某次省级教师培训现场，培训对象是一批小学品德课骨干教师。

就像许多培训现场一样，虽然报告厅门口张贴着“为保持会场安静，请您将手机关闭或设置为震动状态”这样醒目的提示语，但报告厅内各式各样的手机铃声依然不时响起。

对于这种司空见惯的状况，我早已练就了见怪不怪、充耳

① ［苏联］赞科夫著，杜殿坤译，《和教师的谈话》，教育科学出版社1980年版，第238～239页。

不闻的本领。

昨日为了一个指令性紧急研究项目熬夜突击，至下半夜才睡。今天怕误了讲课任务，我一大早就赶往培训现场，换了两次公交车，整整一个半小时才到。还好，总算在规定的时间之前赶到了。但是，我很明显地感到一阵阵倦意正不断袭来，于是我不得不一方面努力调整着自己的状态，以保证用饱满的精神状态面对大家，另一方面则在心里暗暗与不断涌来的疲倦感进行着较量。

主持人宣布讲座开始后，我准备开始讲课。

突然，一阵响亮的手机铃声划破整个报告厅的上空，一位男教师旁若无人地高声通起电话来。好不容易等他接听完电话，我顿顿神，调整了一下思路，开始讲第一句话……

蓦地，又一阵手机铃声打破了现场的宁静，紧接着，一位女教师掏出手机，同样旁若无人地与电话那头兴致勃勃地交谈起来……



我的思路完全被这接二连三响起的猝不及防的手机铃声彻底搅乱了。我刚才讲了什么？……刹那间，大脑一片空白，我无奈地再次停了下来。同时，一股压抑不住的火气也直冲脑门：课才刚刚开始啊！

环视着报告厅内的老师们，我有些不客气地开口道："大家应当知道，作为一名教师，素养究竟会体现在哪里！尤其是作为天天向学生讲何谓品德，教他们如何做人的你们！我想只要是稍微有点常识的人，不会不知道在这种公共场合，最起码应当把自己的手机铃声关闭吧？……"

现场的教师愣住了。

我索性掏出自己的手机，举了起来，面对着大家，一字一顿地说："我可以向大家做出一个承诺，假如在这种讲课场合我的手机突然响起来了，那么你们有权直接起身退场以示抗议！因为出现那种情况是我对听课者最大的不尊重！但是，我可以保证这种情况不会发生。因为只要一踏进教室，我做的第一件事就是关闭自己的手机！尊重是双向的，我能保证尊重大家，而大家呢？如果您不知道什么叫作尊重，那么——就跟我学！……”

现场肃然，一片寂静。有人开始悄悄关闭手机。

也许我这样做是有些太不留情面了，但我还是这样做了！——因为，他们不仅是教师，而且是品德课教师啊！

一个人的品德与文明修养、文化素养体现在哪里？当我们站在讲台上大讲特讲所谓品德教育和公德意识之类的话题时，其实一个不经意的行为细节就可能让自己苦口婆心施予学生的所谓“教育”灰飞烟灭、化为泡影！

确实，身教胜于言教。

如今，许多教师都强调自己缺乏职业尊严，但是除却外在的一些因素，尊严更多地还是需要从内在来寻找。不是吗？我想，**一名吊儿郎当，不懂得自律，不懂得文明修养，没有规则与公德意识，拿自身的职业不当回事儿的教师，永远都不可能从社会那儿、从老百姓那儿获得职业尊严！**

倘若自身师道不存，又何谈尊严？……

## 02

我承认，教师这个职业确实是复杂的，甚至不乏深奥的地方。但是，换一个角度来看，它也许本来是一项并不复杂的活儿。

我熟识的一位高中校长向我讲述过发生在他们学校里的一

个小故事——

他们学校有一个出了名的“乱班”，该班的情况已经到了令所有任课教师头疼不已、谈之色变的程度。于是，有些教师便干脆消极对待，听之任之。这样一来，这个班级理所当然进一步发展成了名副其实的“放牛班”。为此，校长很着急，但给这个班连换了几位班主任也未见有多大起色。

又一位新班主任上任了。学生也许是想给新班主任一个下马威，就故意把自习课搞得乱成了一锅粥，然后幸灾乐祸地等着看班主任气急败坏的狼狈样。然而，令学生没想到的是，这位新上任的班主任并没有大发雷霆，厉声训斥，只是稳稳地站在讲台前，对全班学生说：“班级秩序混乱，责任在老师。我是班主任，理当受罚！所以，从现在起，只要我们班的学习纪律依然混乱，我便自行面向大家罚站。时间是从晚上 7 点起，直到 9 点半晚自习下课为止！”



言毕，这位班主任果真伫立在讲台上，面向全班学生开始“自罚”。而她，事实上还是一位产后仅三个多月、尚处在哺乳期的年轻母亲！

半个小时过去了，班里的学生仍不以为意，继续哄笑嬉闹，嘘声一片。

一个小时过去了，这位女教师仍一动不动，但额头上已开始渗出细密的汗珠。见此情形，班长先坐不住了，说：“老师，您不要自罚了，是我们错了！……”

再后来，一个、两个、三个……全班学生都陆陆续续地站了起来，他们也要“自罚”——自己犯了错，不该由老师代过！

……

再后来，这个班果然就奇迹般地再也没有出现自习课纪律乱作一团的现象。

那年高考，这个全校公认的没指望的“放牛班”，居然有23名学生考上了大学本科……

——教育复杂吗？教育难吗？

似乎是。但上面这个似乎缺少了那么点“人道”味儿的故事告诉我们，看来事实并非如此。那么，为什么我们的学校教育一方面越搞越复杂，另一方面教育效果却越来越令人沮丧呢？

写到这里，我忽然想起了孔子在两千多年前讲过的那句名言：“其身正，不令而行；其身不正，虽令不从。”“不能正其身，如正人何？”①

与孔子所讲的这句话的意思相近，美国著名诗人惠特曼也曾写下这么一首意味深长的隽永小诗——

有一个天天往前走的孩子，

他目光所及的第一个物体，他就变作那个物体，

那个物体在那一天或那一天的某一时段变作他的部分，

或是在许多年，或是在若干年的连续的周期，变作他的部分。②

我非常喜爱这首诗。每读一次，我都会不由自主地想：对于像我一样做了教师的人来说，这首诗究竟意味着什么？或者，它向我们昭示着什么？而我们又应当从中悟出些什么呢？……

看来，作为教师，我们真的需要经常问一问自己：几十年后，学生还能记住的是你的课还是你教给他的书本知识？不，

---

① 出自《论语·子路》。

② ［美］沃尔特·惠特曼，《往前走的孩子》，引自沃尔特·惠特曼著，姜焕文译，《草叶集》，四川文艺出版社2014年第2版，第150页。也有人将这几句译为：“一个孩子向前走去/他看到什么东西/他就变成那东西/那东西就成了他的一部分。”

很可能都不是！他们将会记住的，更多的是你对他们发自内心的关爱，是你用自己的人格来为他们树立的做人的标尺。

是的，“为人师表”不是说出来的，而是通过你自己的行为展现给学生的。

## “责任心”的指向

如果你问我现在的教师最缺什么，我也许会回答：责任心。

我知道，这样的回答是会招来骂声的，是令许多教师同人难以接受的。我也知道，许多教师一定会很委屈地表示：我们现在每天过的都是早晨5点就起床开始督促学生学习，夜里要到十一二点才能休息的苦日子，我们恨不得把一天的24小时当成48小时来用，怎能还说我们缺乏责任心呢？



且勿气愤。

在我看来，一位教师的责任心，并非仅仅体现在诸如是否旷课、是否敷衍、是否应付等方面，而在于是否屈从于功利的压力，包括是否为了迎合各种“检查”之需，不惜要求和引导学生说谎、作假！在教学上，则从不去考虑如何点燃学生内在的学习兴趣之火，引导他们学会主动发现、思考、探究未知，以及用心发掘教学内容中所蕴含的育人因子，借以引导学生学会思想、学会生活、学会做人，拥有一种正确的“生命的态度”，而是习惯于把自己的精力完全放在如何指导学生去“捞分”上面，并为此不惜把越来越沉重的课业负担压在那些本该拥有一张张天真烂漫、充满阳光的面孔的孩子的身上，让他们日复一日地在茫茫“题海”之中无望地苦苦喘息、挣扎……

我认为，这样片面化的高度“敬业”和“负责任”的教师，恰恰就是最缺乏真正的育人“责任心”的教师！**因为，教师的责任心，必须是指向学生完整意义上的生命的**，是以一个个稚嫩生命的健康成长和全面发展为旨归的！——这正像有学者所说的那样：“有效的教师不只是教知识，而是传播人生的信念。”①

所以，关于究竟怎样才是教师富有“责任心”的真正体现，我们有必要经常性地、深入地、冷静地去想一想……

## 我思，故我“教”

### 01

现在，我想再深入地谈谈教师的自我修养这个话题。

人的成长过程，实质上就是一个新陈代谢、吐故纳新的过程。作为教师，更需要不断去吸纳、学习，不断地充实自己、提升自己。同时，在实践当中，还要注意不断进行自我反思，然后才可能在这个过程中慢慢体味到教师这个职业的乐趣。

教师学习的途径是多种多样的，譬如，在实践中学习、在阅读中学习、在自我反思中学习以及向他人学习等。其中，在阅读中学习又往往排在首位。对此，有这样一句话说得非常精辟：**“优秀教师的成长之路是用书籍铺成的。”**

① 高慎英、刘良华著，《有效教学论》，广东教育出版社2004年版，第5页。

我知道，话虽如此，一些教师依然会心存疑惑，甚至不以为然：不就是中小学生手里的那几册课本吗？对教师来说，读书真的有这么重要吗？

我熟悉的一位特级教师向我讲述过令她颇为尴尬的一则往事。

她是一位优秀的中学历史教师，在中学历史教学圈内颇有些名气。一次偶然的机缘，当她与一位高校历史专业的教授进行交流时，那位教授说的一番话让她很受触动。那位教授直言不讳地说："大一新生入校后，第一年我们忙的就是把你们中学历史老师教给学生的一些思想认识及观念进行纠偏！因为你们长期给学生灌输的只不过是一种标签式的、概念式的历史，传授的可能是一种与主流学术思想背离的，甚至是反人文的历史观念！"如此尖锐的批评，让这位本来还颇有些自负的中学教师听了特别痛心。她想："我们辛辛苦苦的付出，怎么得到的会是这样的评价呢？……"由此，她陷入了深深的反思：中学历史教学是否应该眼光放远一些，视野放宽一些，能让学生带着一种新型、多元的历史观念进入新的人生阶段呢？于是，她开始了大量的深度阅读，她的学养也在海量的阅读中悄然丰富起来。在她看来，如果每天都能有思想深邃、格调高尚的书籍陪伴，那么教师必定会成长为文化气息浓郁的人！



是啊，对教师来说，读书的意义不仅在于知识积累，更重要的是，它可以使我们的思想每天都保持鲜活状态，而且激情永在。由此也就不难理解，为什么这些年来著名学者朱永新教授一直在倡导营建"书香校园"了。他向教师建议，一定要读书，一定要加强读书，要让读书成为一种习惯，等等。他强调，一个人的精神发育史就是他的阅读史。

确实，从某种角度来看，一位教师的成长之路，事实上也就是由自身读过的书铺就的。记得有一位教师曾发出这样的感慨："教了二十年书，回过头来一看，发现自己现在居然和中学生的水平差不多——甚至在很多方面还不如中学生知道得多。似乎除了课本上的那点东西，其他的东西自己什么都不知道了……"

可见，与书相伴，自觉读书，对每一位有上进心的教师来说，真的是很有必要，须臾不可或缺的！

当然，要成长为优秀教师，不仅需要自觉读书，也需要随时随地地注意向他人虚心学习——甚至，有必要弯下腰来向自己的学生学习。

一位小学英语教师曾向我谈起这样一段亲身经历——

有一次上语音课的时候，有个小学生毫不客气地对她说："老师，我觉得在语音室上课不应和在普通教室里上课一样，我们应该充分运用耳机来进行一些听说练习。可是，您一直强调不让我们随便动耳机，那我们到语音室上课还有什么意义？"这个年仅10岁的孩子看问题实在是太尖锐、太透彻了，说得这位教师当即面红耳赤。她很快意识到了问题的严重性："是啊，我为了防止学生把语音设备搞坏了，就让学生不要动耳机。可是不动耳机，那我们跑到语音室来干什么呢？这种做法连小学生都知道是错误的，而作为他们的老师，我为什么没有及时认识到呢？……"

这位教师由此得到了一个启示：在某些时候，学生确实堪称我们这些大人的老师！

我有一位朋友是一名优秀的中学语文教师，他也向我讲述过发生在他身上的几个真实的小故事——

那天，他要上的是从《红楼梦》中节选的《林黛玉进贾府》一课。虽然他自认为对《林黛玉进贾府》的文本挖掘还可以，但是讲的时候不可避免地要有一个“铺垫”，也就是需要交代清楚贾府里面的人物关系。而他自己对《红楼梦》的研究并不深入，如果找现成的材料去应付的话，他感到自己没有底气。恰巧，他的班里有一个小女孩研读《红楼梦》颇有心得，可以称得上是这方面的“小专家”。于是，他就让这个小女孩到讲台上讲解。这个小女孩果然了得，她在黑板上边勾画贾府里的人物关系图边做讲解。结果，贾府里那么复杂的人物关系，她只用了10分钟就理清了，其他学生也很快就全明白了。当然，我的这位朋友也从中学到了不少。

还有一次，在学习唐朝诗人李白的名作《将进酒》时，为了让学生更加深入地体会文本和作者内心的情感，我的这位朋友让学生进行一项改写古体诗的活动。结果，在课堂上，有两位学生仅用了10分钟就填了两首词。要知道，即使是中文专业的大学生，能在10分钟内填出词来也不多见啊！其中一位学生把诗句“君不见高堂明镜悲白发，朝如青丝暮成雪”改写成了一首《钗头凤》，词是这样的——

高堂口，明镜头，容颜永驻何时有，
世事恶，人情薄，白发满眼，肝肠满愁，
叹！叹！叹！
朝青丝，暮白首，无奈饮进杯中酒，
韶光流，志难酬，无欲从头，天时不留，
过！过！过！
……

说到这儿，我的这位朋友非常感慨地说：“这样一些真实的小故事不断地在提醒着我，学生在好多方面确实是胜于我们这些做老师的啊！”

是啊，我们这些所谓的教师并不仅仅要从学生那儿汲取、补充一些知识，还要善于欣赏学生的那种天真、单纯——甚至是幼稚可笑，从而不断滋养我们自己的人生。

不是吗？

## 02

关于教师这个职业，我似乎谈得已经够多了，但这真的是一个永远也说不尽的话题。而且，我认为很多问题并不能只是听我们或者听别人说如何如何，关键还是需要我们每一位教师自己去体验、去琢磨、去感悟。

我曾偶然间看到这样三句话：第一句是“教师职业的特性本来就是平淡的，是平淡中的坚持和守望”。第二句是“对教师而言，他的职业生涯里的每一堂课都如同现场直播，它是与生命同步的”。而第三句则是被后世尊为“亚圣”的孟老夫子的名言：“君子有三乐……父母俱存，兄弟无故，一乐也；仰不愧于天，俯不怍于人，二乐也；得天下英才而教育之，三乐也。”①

由此，我在想：作为教师，也许当我们不只是把“教书”当成一种简单的谋生手段，而是出于一种强烈的内在需求，即能够拥有“得天下英才而教育之”这种理念的时候，我们才可能在教育教学的过程中自由地、富有创造性地发挥我们每一个人的全部能量，而当我们沉浸在教育教学的艺术化创造过程当中时，我们才可能真正体会到做教师的幸福，以及做教师的那种“乐”的境界。

美国作家弗格森曾说：“每个人都守着一扇只能从内开启

① 出自《孟子·尽心上》。

的改变之门，不论是动之以情还是晓之以理，我们都不能替别人打开这扇门。”是的，许多的事情，包括我们的教师职业生涯应该怎样度过，我们的职业生涯质量如何，其实说到底，答案都内隐于我们每个人的内心，都取决于我们自己！

**如果说，教育的过程在本质上就是一个师生生命“双向激发”的过程，那么，教师职业的魅力也许在很大程度上就体现为我们在成全他人生命的同时，也在成全着我们每一位教师自己的生命！**

因此，从本质上看，教师追求卓越的专业成长过程，实际上也就是教师自身生命成长和不断发展、完善的过程。

## 03



毫无疑问，教育是一项走向明天的事业，而走向明天的教育一定需要一大批有思想、善思考的教师。因为，只有这样的教师才能够以自己的生活广度和思想深度引领学生真正学会思考。要知道，**把学生培养成什么样的人，往往不在于教师命令学生做了什么，而在于教师本身是什么样的人**。这诚如苏霍姆林斯基所言：“学生的脑力劳动是教师的脑力劳动的一面镜子。”

当一位教师能够以“发现”的目光审视校园，以“反思”的襟怀走进课堂，以“探索”的姿态从事教育工作，那么，他的职业无疑就拥有了“理念”与“理想”的光辉；如果一位教师能养成“在研究状态下工作”的行为习惯，那么，他那看上去平凡而单调的日常工作，就会闪现出智慧与诗意的光彩。是的，从一个侧面来看，教育本来就是为了让人变得更加聪慧和富有教养啊。

所以，作为教师，我们真的应当不时地问一问自己：我拥有一双思辨的眼睛和一颗真诚、明敏的心吗？我靠什么来保持对教育问题的深刻省思与敏锐追问呢？……

现在，在对“为师”这个主题的探讨即将告一段落的时候，我还想再强调一点：任何一个职业都应当拥有属于这个职业的专业灵魂，那么，什么才是教师这个职业的“专业灵魂”呢？

对思想家们来说，他们完全可以把法国哲学家笛卡尔所说的那句“我思，故我在”①视作其立身之本或核心灵魂，而对于教师们来说，似乎也可以像有位学者借助笛卡尔的这个表述，用类似的一句话所概括的——

**我思，故我“教”！**



① 这句话的意思是，当我怀疑一切事物的存在时，我不用怀疑我本身的思想，因为此时我唯一可以确定的事就是我自己思想的存在。比较权威的解释是，我无法否认自己的存在，因为当我否认、怀疑时，我就已经存在！因为我在思考、怀疑的时候，肯定有一个执行“思考”的“思考者”，这个作为主体的“我”是不容怀疑的，这个“我”并非广延的肉体的“我”，而是作为思维者的“我”。所以，否认自己的存在是自相矛盾的。

# 题4　课堂

作为教师，最熟悉的自然应当是课堂，但最陌生的可能也同样是课堂。那么，课堂的本质是什么？它究竟应当关注什么，追求什么和发展什么呢？……

# 课堂是一个“生命场”

## 01

课堂究竟应该仅仅作为知识传输的场所存在，还是更应当成为促进学生智慧、情感、人格、教养等生命品质全面发展的舞台？课堂究竟应该仅仅关注学生的当下（如各种考试分数），还是更应当关注学生长远人生的可持续性发展？……

这确实是值得我们每一位教师认真思考的具有根本性的命题。

的确，辞书上有这样的界定：课堂是教学活动存在的场所。但是，这些“教学活动”应该单纯以功利性的应试为方向，还是应该以促进学生的长远发展为方向？在我看来，这才是“优质教学”与浮躁的“功利教学”真正的分界点。



## 02

曾有朋友问我：“你一向对课堂中的现实功利性弊端深恶痛绝。那么，你认为我们的课堂到底最缺少什么呢？”

是啊，我有时也问我自己：我们的课堂最缺少的究竟是什么？

我一直秉持这样的课堂观：**课堂原本是促进“人”的生命获得自由发展的“生命场”**。但我发现，在我们的许多课堂上最缺失的恰恰就是有生命的活生生的“人”。

毫无疑问，在课堂教学过程中，学生的主动性、积极性是关键。但在很多课堂上，都存在着置学生的主体地位于不顾的现象，剥夺了学生的主体行为权利，使学生只能被动接受，在这种状况下，教学的主体俨然变成了教师或课本知识。于是，学生在学习过程中拥有的主体地位基本上被剥夺殆尽，而教师在教学过程中的主观能动性也基本上被完全扼杀。这反过来又促成了课堂教学环境的进一步沉闷、恶化。于是，我们就会常常看到这样一种带有普遍性的现象：在课堂上，知识完全变成了主宰一切的力量，教师因教学内容连接着大大小小的知识点而成了课堂教学的唯一强势权威者，学生则相应地沦为被控制体和被动接受体。在这样的课堂教学过程中，教师和学生都只不过是知识的简单传递工具与机械接受容器而已。从这个角度来讲，无论是学生还是教师，他们所扮演的角色同样都是非常可怜的，他们是工具，是“器物”，但唯独不是真正具有生命意义的“人”。



以一部《被压迫者教育学》而享誉国际教育学界的巴西著名学者保罗·弗莱雷，就诸如此类的课堂教学做过一番非常形象的分析。他说，这类课堂教学方式是一种将“人”变成了“物”和“器”的教学方式，在本质上是典型的“储蓄式教育”。因为它“把学生变成了‘容器’，变成了可任由教师‘灌输’的‘存储器’。教师越是往容器里装得完全彻底，就越是好教师；学生越是温顺地让自己被灌输，就越是好学生。于是，教育就变成了一种存储行为。学生是保管人，教师是储户。教师不是去交流，而是发表公报，让学生耐心地接受、记忆和重复存储材料”①。这种课堂教学方式所带来的后果是严重的，它不仅使知识教学效果大打折扣，还压制了学生学习的

---

① ［巴西］保罗·弗莱雷著，顾建新等译，《被压迫者教育学》，华东师范大学出版社2001年版，第24～25页。

积极性和主动性，剥夺了他们作为“人”的自由对话与交往权，从而使得他们逐渐养成一种只知道盲目依附于权威的“奴仆”思想，最终沦为只知顺从、迎合，而鲜有独立的个性和创造性的“被压迫者”。如此一来，要追求实现以教育来促进“人的解放”和生命主体性张扬的理想，可能吗？

人是有感情的，然而我们为数不少的课堂里独独缺失了“情”的韵味。教师往往以一种固定的模式来传授原本丰富多彩的知识，以一种整齐划一的设定目标来约束原本个性鲜明的学生。于是，在这样的课堂里，既不可能有生命的互动与智慧的碰撞，也不可能有生命激情与灵性的飞扬。这样，无论是教师还是学生，其固有的生命价值就得不到体认，情感缺少交融，人性的光芒被遮蔽，最终，“情感”也就被异化为一种简单而可怜的认知工具了。

缺少了“人”的课堂，自然也就没有了“魂”的存在。“魂”即思想。在我看来，如果我们的课堂不能让学生带着思辨的眼睛和思想的大脑去审视、思索，并从中获得感悟，形成一种具有深度的思想和眼光，以此来关注和审视现实，那么，我们永远不可能达到“明智”的境界。所以，我认为，课堂教学的一个重要任务，应当是引领学生从学习中“学会思想”，形成智慧，生成正确的人生观与价值观。这，也就决定了“思想”应当是贯穿于课堂的灵魂。从这个意义上来讲，没有思想的课堂，就必然是“死”的课堂和“无用”的课堂。传统课堂教学基本上是灌输式的和强制性的，而这种教学方式所造就的只不过是学生的机械“短时记忆”而已，并非“有意义”的学习。而且，这种教学方式很容易引起学生的厌倦与反感。这样，他们很快就会将出于一种应试的功利性目的而不得不学的课本上的知识遗忘了。

所以，呼唤课堂教学中“人”的回归，让课堂复现生命的脉动，不就是课堂教学改革的第一要务吗？

## 03

是的，这些年来，随着基础教育领域一波又一波的改革不断深化，大家也愈来愈多地在关注和思考这样一个问题：究竟如何改造我们的课堂教学，才会使之成为真正有效的教学呢？不仅如此，有不少的专家学者进而指出，课堂教学不能够仅仅停留在“有效”的境界，还应当努力从“有效教学”向“优质教学”迈进。在我看来，这样的愿望无疑是美好的，这种追求的方向无疑也是正确的。但是，究竟什么样的课堂教学才是“有效”的或是“优质”的呢？对于这个评判标准，至今依然众说纷纭。对此，我谈过一个基本的看法：**衡量课堂教学有效与否的基点，必须摒弃单一的知识课堂的视阈，而回到教育的原点上来审视**。而这个所谓“原点”，就是“生命”。

教育作为一项直面生命的事业，必然应当以提升人的生命价值，促进人的生命获得可持续性全面发展为本。正是从这个角度来考量，我曾提出了这样一种课堂观：**我们应当把课堂定位为人的“生命发展场”**。在这里，人（主要是学生，当然也包括教师）的生命素质、生命质量和生命境界理应得到持续不断的提高与升华。换言之，就是要力图在这样的课堂上，至少把“以符号为主要载体的书本知识重新‘激活’，实现与三方面的沟通：书本知识与人类生活世界沟通，与学生经验世界、成长需要沟通，与发现、发展知识的人和历史沟通。用通俗的话来说，就是使知识恢复到鲜活的状态，与人的生命、生活重新息息相关，使它呈现出生命态”①。

所以，我主张，课堂应当从单一的“知识传输场”向“生命发展场”的境界转型。

我们都知道，所谓“知识课堂”的主要特质在于，其教学的最高目的是以对课本知识的单向习得为中心，教师是课堂的垄断者，课本是毋庸置疑的“权威”，而学生的学习方式则是以消极被动的死记硬背和机械训练为主；而“生命课堂”的理想则意味着，我们必须要努力实现变单一的知识教学为整体意义上的文明“教化”，变教师独断为教学相长，变被动授受为主动探究，变绝对求同为发散求异，变机械封闭为生成开放……简言之，我们的课堂必须要努力实现从只知因袭传承到勇于创新超越的转型，使我们的课堂教学真正能够实现“解放被禁锢的心智，舒展被束缚的个性，使僵化的头脑能够异想天开，使萎缩的人格大放异彩”（肖川语）的应然使命。

我觉得，作为“生命发展场”，课堂教学既要体现在对学生生命主体的关注上，更要体现在对课堂教学本质的把握上。在这里，生命性应当是课堂的本质属性，是教学的基点、依托与目标。换言之，也就是要从关注学生生命、关注学生发展的本质层面，致力于实现课堂教学理念、课堂教学文化、课堂教学方式和课堂教学生活的重建；让每一个人（学生与教师）都能充分体验到课堂教学生活的幸福和自我发展需求的最大满足，以便让课堂教学真正能够变成师生生命共同发展的理想的精神家园。

在这种旨在最大限度地彰显人的生命性的课堂上，**尊重生命是课堂教学生活的前提，生命活动是课堂教学生活的依托，生命发展是课堂教学生活的归宿**。一句话，课堂教学的一切，

① 叶澜，《重建课堂教学价值观》，载《教育研究》2002年第5期。

都应以“基于生命，为了生命，促进生命和完善生命”为基准。

那么，作为“生命发展场”意义上的课堂，应当具有怎样的基本特征呢？我觉得，我们可以从这样几个维度来审视。

其一，作为“生命发展场”的课堂，应当是拥有思想深度和文化内涵的课堂。课堂是一个“思维场”，它应当有利于学生高智慧的形成与发展。而我们知道，高智慧的生成是离不开学生思维的真正启动和高质量运转的，因此，这就必然要使我们的课堂始终充满着浓郁的思辨色彩，也就是要努力建构一个思辨的课堂、一个充满思想的课堂。唯有如此，课堂教学才可能以其深厚的文化底蕴与思想内涵，引领学生的可持续发展。

其二，作为“生命发展场”的课堂，应当是洋溢着生命激情和充盈着幸福体验的课堂。课堂是一个“情感场”，它应当有利于学生的情感世界在一种自由、和谐的氛围中不断得以陶冶与美化。要做到这一点，一方面需要教师最大限度地挖掘和利用学科课程内容中丰富的情感教育素材，另一方面要求教师全副身心地融入其中，以情动情，最终达到情感上的共鸣。换言之，也就是要努力营造一个充满情感的课堂、一个激情四射的课堂。唯有如此，课堂教学才可能在引领学生生命的情感世界，向着求真、求善、求美的境界不断发展的过程中发挥重要作用。

其三，作为“生命发展场”的课堂，应当是具有较强的实践性和生成性的课堂。课堂是一个“生活场”，它应当让学生在活动中体验，在体验中使生命得到不断的成长。毋庸置疑，人的生活是离不开活动的，而课堂教学生活的第一主角是学生，因此，在我们的课堂上，如果要使学生的生命潜能真正从沉睡中被唤醒，真正迸发出蓬勃的生命活力，就必须要努力改变过去那种沉闷、呆滞的局面，要让学生这个主体真正“动”起来。当然，这个“动”，主要是指学生内心世界的“动”、思维的“动”、情感的“动”。换言之，就是要努力创设一个生命可以自由跃动的课堂，一个与生活世界息息相关的课堂。唯有如此，课堂教学才可能真正唤起学生的生命主体意识，引领他们走上自主建构知识意义的发展路径。

其四，作为“生命发展场”的课堂，应当是确保生命本真的原生态的课堂。也就是说，我们的课堂教学活动必须要坚决拒绝虚假，拒绝表演作秀。如果一个课堂里充斥着表演、造假等行为和现象，那么在这样的课堂教学中，我们将看不到生命本体的真实存在，看不到生命成长的困惑与愉悦。换言之，学生的生命本体也就会在这种虚假的表演中淡出我们的课堂。所以，从这个角度来看，课堂教学对学生一生的发展都具有至关重要的奠基意义。在这一环境中，学生不但要形成扎实的认知，还要在认知过程中形成能力，形成良好的学习、生活习惯，更为重要的是，要在情感、态度和价值观方面不断完善自己。因此，课堂教学必须要充分关注学生学习的真实状态，课堂教学的形式一定要服从于教学目标的需要，建立在促进学生学习与发展需要的基础之上，努力为学生生命的多维度发展营造真实有效的空间。

其五，作为“生命发展场”的课堂，还应当是具有引领生命全面发展意义的和充满责任感的课堂。要知道，旨在彰显人的生命性的课堂，并非仅仅存在于教师单纯的教学设计以及情感化的交流上，而是建立在对教学责任的把握上。就课堂教学而言，再美好的修饰，再炫目的技巧，都不能替代教学的责任。实质上，以生命发展为本的课堂，说到底也就是一种体现着高度的生命责任感的课堂。

总之，我以为，作为基于生命，并以促进生命整体获得可持续发展为己任的课堂，不应存在生命的“盲点”，不应存有对生命的冷漠和人格的忽略，更不应当存有情感的荒漠和被遗忘的角落。作为“生命发展场”的课堂，就是要让每一个生命都能够体认自我、发展智慧，尤其是得到人格境界的不断升华与超越！

## 生命是课堂的原点

### 01

不可否认，人是因为生命的自然存在而生活的。但是，人又不能仅仅为自然而生存，他要认识自然、适应自然，还要改造自然。当然，这里的“自然”也包括人类本身。



古罗马喜剧作家泰伦修有这样一句耐人寻味的话：“我是人，我认为人类的一切都与我血肉相关。”是的，人不是简单的生物体，人的生命特性是丰富的、多维的。人不只是物的化身，他更拥有生命的精神意识。人的精神就是人性的载体。很多时候，我们可以忽略一个人的肉体的存在，但是一个人的精神需求，他的幸福与需要的满足是客观存在的。虽然在达尔文看来，“人和其他高等哺乳动物之间，在各种心理才能上，是没有根本的差别的”①，但人的生命的独特性就在于可以超越最原始的能力，具有自我认知和幸福感。由此看来，每一个生

① ［英］达尔文著，潘光旦、胡寿文译，《人类的由来》（上），商务印书馆1983年版，第98～99页。

命都是独特而可贵的，而不是泛化的，因而也就决定了每一个生命都有其存在的价值。

人的生命的存在是一种状态，但又不同于一般动物的状态——人是能够认识自己的。对此，帕斯卡尔曾这样说道："对于人，没有什么比他自己的状态更为重要的了，没有什么比永恒更能使他惊心动魄的了。因而，如若有人对丧失自己的生存、对沦于永恒悲惨的危险漠不关心，那根本不是自然的了。"①

所以，我要说，没有什么比生命更值得我们关注了。由此，我们的课堂教学究竟应当是以知识为中心，还是更应当关注人的生命本身，似乎也就不言而喻了。

## 02

什么样的生命状态是最美好的？这真是一个值得好好探讨的话题。②

法国人文主义思想家蒙田说过："最美好的是善于做人，最困难的是学会如何自然地生活。我们有许多不健全的病态，最不自然的便是漠视我们的生存。"这也就是说，生命必须真实而自然地存在于个体的自我意识之中，得到生命的自然需求与精神需求，对自我的了解与控制是生命幸福存在的状态。简言之，真正属于自己的生命是最美好的。

如果从这个意义上来看我们的课堂，我们就必须清晰地意识到：那些正在成长之中的孩子都是一个个鲜活的生命个体，

① ［法］帕斯卡尔著，何兆武译，《思想录》，天津人民出版社 2014 年版，第 105 页。

② 参见齐健、李秀伟，《生命课堂论纲》，载《创新教育》辑刊，山东教育出版社编辑出版，2005 年第 3 辑。

他们正处于生命之中最为活跃、敏感、好奇的时期，他们的生命体验更多地受感性的支配，能够更直接地感受生命的幸福与苦恼。这种感性的印记会长久地留在他们的生命中，最终转化为对生活的理性感悟。在这样的状态下，学生需要更多地体会生命的丰富与美好，其中理应包括人际的交流、个体的自由、求知的乐趣、付出的愉悦、探索的艰辛、磨砺的充实、失败的酸涩……唯有如此，才是生命健康成长、和谐发展的必由之路。但是，无论是探索、磨砺还是失败，都不能存在对生命的打击、冷落和禁锢。由此，如果在我们的课堂上天天上演的只是周而复始的机械的“讲解—记忆”“提问—回答”“做题—检测”……那么，孩子自己的生命又在哪儿呢？这样被牢牢操控的“生命存在”究竟是美好、幸福的，还是可悲、无奈的呢？

听听吧：“不准说话”“不准乱动”“笨得要死”……这一声声从我们嘴里发出的训斥，不啻为一支支不经意间射出去的“冷箭”，让那些原本稚气活泼、天真烂漫的孩子噤若寒蝉、茫然无助。在这样的课堂上，生命的存在已经完全让位于知识的存在了，生命的价值也已经完全屈居于知识的价值之下了。如此一来，那些原本极富灵动性的孩子，事实上不就完全异化、沦落成课堂上无关紧要的“旁观者”了吗？



我这样说，似乎有危言耸听之嫌，然而仔细想想，这难道不是一种让人无法辩驳的客观事实吗？

课堂对于生命意味着什么？在我看来，不管你承认不承认，事实上课堂已经构成了学生生命发展的一部分。我们可以将课堂视为学生特殊认知过程发生的场所，但显然，所谓“特殊认知”只不过是师生生命价值的一部分而已。在这样的前提下，课堂实质上关注的只是学生生命发展的一部分，而不是完整的生命存在。从这个角度来审视，课堂教学与生命之间的独特意义和价值就体现于课堂是师生展示生命价值的场所，课堂教学是师生展示生命价值的途径；而生命是构成课堂的主体，师生完整、丰富的生命的参与是课堂之所以成为课堂的前提。

因此，我们可以用这样一句话来概括：**生命是课堂的原点，课堂因生命的存在而存在**。

把拥有知识看作学生生命价值的重要体现，或许无可厚非，不是说“知识就是力量”吗？但是，如果生命的灵性不在，生命的潜意识不在，生命发展的原动力不在，如果生命拒绝知识、畏难知识，如果生命对生活失去了兴趣和热爱，那么知识就不再会构成力量！

课堂教学要完成知识与能力、过程与方法的培育和传递，当然是重要的、必要的目标，但是，每一个看似简单的目标背后，都是一个个生命个体在发挥着支撑作用。所以，无论从何种意义上来说，生命的真实而自然的存在，理应是课堂教学得以发展的必需。那么，这对我们每一位教师来说，又意味着什么呢？

我觉得，我们该好好地想一想……



## 课堂应持有的底线

### 01

如果我们真的是以促进孩子们的生命健康发展为目的，那么，拒绝虚假、拒绝表演，追求本真，就应当是课堂应持有的最后的底线。然而，在今天，我们所看到的许多课堂往往是另一种样子——

公开课上，孩子们正在教师的组织下热热闹闹地学习关于认识瓜果物产的一篇课文，教师让孩子们分别扮演不同的瓜果回答问题，孩子们充满童趣的回答不时激起现场听课的专家和教师们一阵阵的掌声、笑声。可是，当教师提出关于西瓜的问题时，不论她多么耐心地启发、调动，孩子们就是不吭声。最后，一个小女孩终于举手了，教师连忙请她回答，这个女孩站起来怯生生地认真报告道："老师，'西瓜'今天生病请假了，他没有来。"……

数学课上，教师一上课就出示需要探讨的问题，让孩子们分成六个小组分头讨论解决问题，并尽量选用与众不同的解题方案。孩子们经过一番"热烈"的"探讨"之后，开始轮番到台前交流、展示本组的研究学习结果。令人惊喜的是，六个小组的孩子"恰好"研究出了六种不同的解题思路，而且主宰了接下来的整个课堂教学过程！就这样，这节课在每一个孩子令人叹为观止的"完美无瑕"的表现之下，在听课者无比佩服的啧啧赞叹声中结束了……

然而，这都是"真"的吗？

我的一位同事曾向我讲述他的一段亲身"奇遇"——

一次，他在应邀担任某地举行的小学课堂展示评比活动的评委时，曾看到当地某校非常骄傲的一场所谓"把课堂还给学生"的课堂改革展示表演。同事之所以称这节课是"表演"，是因为整节课都是由几位小学生来讲的。这几位学生年龄虽小，却表现得颇为老到，煞有介事，有板有眼……同事说，当时就感觉这也太假了！后来他听该校的教师偷偷介绍，才知道该校的教师被强行要求，整节课必须由学生来讲，只要学校领导发现教师在讲，就要罚款！同事对此感到大为惊讶：对这节课的内容，甭说是那些少不更事的"熊孩子”，即便是教师有时也难以驾驭好！显然，他们所“表演”的这节课，与其说是学生在讲课，倒不如说是上演了一场典型的木偶戏！——讲课的几位学生实际上就是教师手里的提线木偶！

同事说到这里，长叹一声：“我是真可怜那些天真可爱的孩子啊！……”

这样的课堂是真实的吗？这样的“改革”是值得我们推崇的吗？置身于这样的课堂，在虚假的“高效”背后隐藏着的是让我们不得不隐隐担忧的未来。不是吗？课堂教学过程中如此造假，学生学习的真实效能何在？学生的科学精神、诚实品质又如何培育？……在这样的课堂教学中，我们看不到生命的真实存在，看不到生命体验的鲜活，看不到生命成长的困惑和愉悦。一句话，学生真实的生命已经在这种虚假的表演中悄然淡出了我们的课堂！

课堂是学生学习的主要场所，同时也是学生生命成长的重要场所。正是从这个角度来看，课堂教学对于学生一生的发展都是具有不容忽视的重要影响力的。在这里，学生不但要进行知识的认知，还要在认知过程中发展能力，形成良好的学习、生活习惯，更为重要的是，要在情感、态度与价值观方面不断完善自我、提升自我。因此，一旦当课堂里充斥的是虚假的表演，那么要想使学生的身心能够获得健康成长，可能吗？要知道，**只有真实的教学才能促进学生生命的真实发展啊！**

所以，作为教师，我们需要认真反思一下：我们的课堂，真实性究竟有多大？我们是否也正在不经意间用功利的雾霾悄悄污染着孩子们那一双双本该清澈见底的、纯洁的眼睛呢？……

## 02

是的，我一向认为，课堂必须是具有引领生命全面发展意义的、充满责任感的。一个对学生生命健康成长负责的课堂，并非存在于教师单纯的教学设计以及一团和气的交流上，而是建立在对促进学生生命发展的责任的把握上。不是吗？要知道，再美好的修饰都不能替代这种基于生命的教学责任啊！所以，**一个视生命为至尊的课堂，也就是一个充溢着高度责任感的课堂**。

一位教师曾讲述他在课堂上无意之中发现的一个令他辗转难忘的情景①——

在这位教师任教的班里，有一批思维活跃、参与互动积极的学生，这位教师也一直得意于班内这种活跃的课堂气氛。可是，有一天，这位教师却突然触碰到一种令他心悸的麻木的眼神——这样的眼神来自一批让他感到似乎有些陌生的孩子：他们的名字教师很少提起，因为他们的成绩不算优秀，但也不算很差；因为他们十分听话，很少违反纪律；因为上课时他们很少举手，坐姿十分规范。但是，那天，这位教师无意中第一次震惊地发现：那是一种怎样的眼神呀！空洞、漠然、呆滞，毫无灵光。

他随口叫其中的一位学生来回答问题，没想到那个孩子居然打了一个激灵，然后才像是回过神来，怯怯地站了起来。就在这一瞬间，这位教师的脑海中竟下意识地闪现出“旁观者”一词！——是的，这些孩子在课堂上不就是一群旁观者吗？他

---

① 参见齐健、李秀伟，《生命课堂论纲》，载《创新教育》辑刊，山东教育出版社编辑出版，2005 年第 3 辑。

们日复一日地在一种无意识、无思考、仿佛一切都与自己完全无关的麻木状态下熬过了一节节课，不，甚至是熬过了一天天、一月月、一年年！他们的时间和生命就这样白白地流逝掉了。而将来他们是否一生都要处在这种麻木的状态下，永远做生活的、社会进步的旁观者呢？

作为教师，对这样的孩子以及这样令人心痛的空洞眼神，我们平时在课堂上是否也曾注意到呢？我们可能会常常给他们“智力一般、成绩平平、听话但呆板”之类的带有轻蔑意味的评价，甚至干脆就用一个词来概括——“平庸”。是呀，我们似乎有足够的理由说这样的孩子智力“平庸”、能力“平庸”，等等。但是，我们有什么资格说这些孩子的生命“平庸”？我们又有什么资格来麻木不仁地继续“制造”着一个个“平庸”的生命呢？更何况，课堂上的这些“旁观者”究竟又是谁造就的呢？

如果我们这些被孩子们天天尊称为“老师”的人，还怀有对学生生命负责的责任感与尚未散尽的爱心，那么我们还能对此视而不见、心安理得吗？……



## 有意义的课堂教学

### 01

在今天，中国的基础教育界正以一种从未有过的“日新月异”的速度，制造着各种各样令人目不暇接的“创新”景观。尤其是在课堂教学改革领域，人们更是以一种近乎狂热的劲头追逐着一波又一波喧嚣不休的“时尚”浪头——哪怕自己事实上只是人云亦云，稀里糊涂……

譬如，我们深究过“有效教学”的本义吗？

譬如，我们质疑过“高效课堂”是否真实存在吗？

再譬如，我们沉思过“翻转课堂”的实质到底是什么吗？……

当我们每个人都身不由己地被裹挟在逐浪的潮流中只顾一味地向前拼命奔跑的时候，我们的脑海里是否闪现过那么一丝丝犹豫与怀疑：我们到底要“跑”向何方？那些被媒体轰炸式鼓噪的种种所谓“高效课堂模式”神话，是否真的都值得我们顶礼膜拜、盲目迷信？在这些“神话”的背后，有没有需要我们深入进行理性辨析的问题呢？……

我不否认，进行包括课堂在内的教育教学改革确实需要有一种昂扬的激情，但是我认为，改革同样需要拥有一种独立的理性。早在两千多年以前，古希腊先哲柏拉图即曾这样强调：**“理性是灵魂中最高贵的因素。”**而在进行教育教学改革这一涉及我们的下一代乃至下几代能否拥有一个光明而美好的未来的实践行动中，是否拥有理性的眼光、理性的思索，就显得尤为重要。要知道，**缺失了理性的改革实际上常常会异化为一种瞎折腾**。其后果，在我看来，毫无疑问将会是致命的、灾难性的。



所以，在对待教育教学问题上，我们反对那种故步自封、冥顽不化的顽固保守者，我们同样反对那种热衷于表面文章、花样翻新，骨子里却只不过是为自己追名逐利、套取光环的俨然以所谓“教育改革家”面貌示人的“改革迷”们。在我看来，这两种人实际上在本质上都是一样的。我甚至认为，后者——那些拥有一定权力的“改革迷”们——对教育产生的冲击和潜在的危害性可能更大一些。因为，这种人往往巧舌如簧，满嘴时髦的“理论”，所以更能蛊惑人心，其欺骗性自然也就会更大一些！

**教育是一项“慢”的事业。教育需要的不是“打打杀杀”式的冲动、盲动和折腾，而是润物细无声般的感召、教化与心灵的安顿！**

现实课堂改革浪潮中的种种离奇现象，分别从不同的维度向我们提出了一系列值得深思、深究的问题。在我看来，其中最值得首先思考的应当是课堂教学的价值和意义究竟是什么。在进行课堂教学改革的探索行动中，如果我们的目光仅仅盯在各种“模式”或“技术”的层面上，能否实现教学应有的“真义”呢？如果我们把课堂教学的“意义”比作“灵魂”，那么，一个找不到自己的“灵魂”的课堂，还能称得上是“教育”的重要组成部分，称得上是一个可以有效促进学生生命健康发展的课堂吗？……

所以，追问课堂教学的意义之所在，把握课堂教学的意义之内涵，是我们在进行课堂教学改革的探索过程中绝对不能忽视的一个根本性的重要命题！



## 02

一位小学语文教师在网上得意扬扬地“晒”出了一篇被她称作最难得的“毫无约束，想象力丰富”，而且“虽然天马行空，但是有逻辑，有主线，有事情发展顺序，而不是胡说八道的，不是想到哪儿就写到哪儿”的一名学生的作文“神作”。

我们看到，在这位小学生的“神笔”之下，历史确实如其作文标题所言，真的是彻底“乱套了”！您瞧：慈禧太后变成了孙悟空的女儿，而黄继光则成了慈禧太后的儿子，至于那位舍身炸碉堡的英雄董存瑞，居然被这位小学生安排与明朝那个叫作李时珍的“姑娘”成了亲……

不得不说，这位小学生“天马行空”般的想象力的确“惊人”，更让我吃惊的是，这位教师居然还在为这样的“神作”而洋洋得意。可是，如果这都不能被称作“胡说八道”，那么就一定是这位教师在不折不扣地“胡说八道”了！在这场闹剧的背后，我似乎听到了那被肆意亵渎、玩弄的历史缩于一隅，无声饮泣……

当代学者资中筠先生曾痛心地尖锐指出：**“我们现在从幼儿园教育开始，价值取向就太庸俗。”**[①]难道不是吗？我们做教师的，在骄傲于培养出了如此想象力“惊人”的学生的同时，似乎更应当思考的是，这个看上去天马行空、想象力惊人的“杰作”，有没有并不值得我们赞美和追捧的地方？在如此“乱套了”的思维背后，有没有我们教育工作者应当感到忧虑的问题呢？



正如有学者所认为的那样：**如果教学仅仅关注智力和创造力的发展，会存在一种潜在的危险，那就是使创造力迷失方向**。事实上，没有价值中立的创造，学生的观念也必然渗透着道德性内涵。[②] 可见，追求有意义的课堂教学不能不注重德行的培育，不能不重视情感、态度与价值观的取向。

一旦失去了正确的价值取向的引导，那么，这种教学的“成果”还值得如此高调炫耀吗？这种虚无的所谓“想象力”就是我们所致力进行的教育教学改革的应有追求吗？

---

① 姜妍，《学者资中筠为民族精神而焦虑：当下教育从幼儿园开始就庸俗》，载 2013 年 12 月 2 日《新京报》第 C04 版。

② 张华，《课堂教学的重建：走向研究性教学》，载《基础教育课程》2005 年第 1 期。

## 03

一位据说很牛的“名师”，在一个大型教研活动现场上示范性公开课，他自信满满地站在讲台上，旁若无人地径自滔滔不绝地展示着他那超强的“讲功”和毋庸置疑的“标准”结论，他的自负充溢全场，以至于他似乎根本不屑于哪怕用眼睛的余光扫一眼面前的那些学生，就仿佛他们是看不见的空气，就仿佛那些活生生的生命从来不曾在这里存在一样。也许，在他的心目中，那些学生只不过是被拉来配合他“演出”的“道具”而已。

一位据说很有名气的教研专家，俨然以毋庸置疑的、权威般的语气向台下那些慕名而来、毕恭毕敬听他“指教”的教师斩钉截铁地宣称：好课永远都是“讲”出来的！……

可是，他们似乎都遗忘了这样一个再普通不过的基本道理：如果我们的课堂变成了只是教师展现个人才识的场所，而忘记了真正的教学对象是那些正处于成长期的学生，不去顾及他们的内在感受和身心特点。那么，即便教师“讲”得“无比精彩”，也只不过是教师的一种“孤芳自赏”或“自娱自乐”。对那些真正的学习者——学生而言，这样的课堂教学有意义吗？

须知，**教师“讲”得精彩，并不等于学生“学”得精彩**。正如黎巴嫩诗人纪伯伦在他的名作《先知》中所告诉我们的：作为一名教师，在教学时，“倘若他真有智慧，他不会令你踏进他的智慧之堂，而是领你去你自己心智的门口”。

一位资深教师在反思自己的教学历程时，曾深有感慨地这样说道：“任何一篇课文，只要我们愿意讲下去，就总是讲不完。多年的教学实践已经证明，课堂不是老师为了展示自己博学而大开‘讲’界的地方，老师灌得越多，学生被榨得就越彻底！……”

曾记得有人说：**“学生的思维成长是教学的最大道德。”**但是，学生的思维如何才能真正获得有效“成长”呢？无疑，这显然是不能靠学生对课本知识的死记硬背来实现的，更不是靠教师的和盘托出而能达成的。倘若我们的教学只局限于课本，只会照本宣科，只是一味单向输出，没有质疑，没有探究，没有拓展，没有深化，没有交流，没有生成，还要奢求学生思维成长，可能吗？

在学生思维成长的历程中，确实需要教师的启迪、引导，但教师的思维结论（认识）永远不能替代学生的思辨过程。如果我们在教学过程中总是扮演包揽一切的“保姆”角色，那就根本不要指望学生未来会以“主人”的姿态积极参与文明社会的建设进程，也不要指望他们能拥有社会担当与实际的行动力。



我觉得作为教师，我们有必要把帕克·帕尔默的下列忠告铭刻在自己的心底——

> 如果一位学生在完成教育时变成一个只会接收信息的内存，这位学生已经受骗了。优质教育会教学生成为知识的创造者，并能洞察别人所宣称的事情是否正确。[1]

当然，我们还可以再来细细品味另一位叫作赫钦斯的美国学者在其著作《教育中的冲突》中所给出的那个耐人寻味的

---

① ［美］帕克·帕尔默著，吴国珍、余巍等译，《教学勇气——漫步教师心灵》，华东师范大学出版社2005年版，第95页。

观点：**“什么是教育？教育就是帮助学生学会自己思考，做出独立的判断，并作为一个负责的公民参加工作。”**

那么，我们究竟该如何进行教学，才有可能实现这个目标呢？

对此，我们难道不该好好想一想吗？……

## *04*

那么，究竟怎样的课堂教学才是有意义的呢？我必须老老实实地承认，这是一个迄今为止我还不能给出清晰答案的重要命题。然而，我想，所谓“有意义的课堂教学”，是不是可以沿着下面这样的思路去寻找答案呢？

——有意义的课堂教学一定是可以使学生的思维不断走向深刻，智慧获得真实发展的教学。对这样的课堂，我们或许可以用“思想的实验室”这一概念来概括。**因为，知识的真正价值并不在于知识本身，而在于隐藏在知识背后的思想。所以，一个真正有意义的课堂，理应是一个“思想的实验室”！**

——有意义的课堂教学一定是可以使学生能够“自由呼吸”，精神生命获得最大限度的解放的教学。俄国著名思想家别尔嘉耶夫不是一再告诉我们，“美是自由的呼吸”吗？

——有意义的课堂教学一定是可以使学生自觉远离“平庸之恶”，拒绝盲从与机械服从，独立思想，自觉担当，学会主动参与、服务社会的教学。换言之，这样的课堂教学必须是真正以培育“站立的”而不是“跪着的”现代公民素养为目的，以向我们的学生不断注入“现代公民”的现代化文明基因为己任的。

假如我们把真正有意义的课堂教学称作一种“美的教

学”，那么我们就必须首先搞清楚：究竟怎样的教学才能称得上是“美”的呢？让我们来听听别尔嘉耶夫是如何来解读的吧。他如此说道——

美不可能属于决定的世界；美是对决定的摆脱，是自由的呼吸。

美所说明的是人的共同参与……①

所以，有意义的课堂教学至少应当是学生可以“自由呼吸”的教学，即完全是以人为中心、时刻为人着想的，学生可以在心理安全的氛围中自由诞生精彩观念，沉浸在教师所引发的认知的、审美的与探究的情趣之中。简言之，这样的课堂教学是鼓励自由探究、尊重个性化发展的，它是真实的心灵沟通，而绝不是虚伪的空洞表演！



当然，有意义的课堂教学还一定是充满着高贵的学科气质（品性）的教学。

一位初中生物教师曾上了这样一节生物课——

那堂课讲的是“人类活动对生物圈的影响”中的一部分内容——分析人类活动破坏生态环境的实例。

这节课看上去很简单，内容也很少，甚至没有具体的要学生掌握的知识点。这位教师思考再三，决定将这节课的教学任务落脚在引导学生进行资料的收集和分析上，且重点在分析。

这位教师首先向学生提出了两个问题，要求学生进行讨论：（1）人类在改善生态环境方面做了哪些工作？取得了哪些成效？（2）人类的哪些活动破坏了生态环境？对人类自身

---

① ［俄］别尔加耶夫著，方珊等选编，《美是自由的呼吸》，山东友谊出版社2005年版，第70～71页。

造成了怎样的影响？

对第一个问题，学生先后从“植树造林”“退耕还林”“退田还湖”和防治环境污染等方面进行了论述。有的学生还想到《森林保护法》《野生动物保护法》等相关法律，以及确立了每年的3月12日为植树节、设立了大量的动物保护区与自然保护区，等等。

学生如此丰富而贴切的联想，让这位教师惊喜不已。

接下来，学生对第二个问题的回答更为踊跃，也更为精彩，譬如，乱砍滥伐、过度放牧、过度捕捞、偷猎野生动物、排放污水、焚烧秸秆、排放浓烟以及农药与化肥等污染，都给生态环境造成了很大的破坏，带来的严重后果有洪涝灾害、沙尘暴、雾霾天气等。

课堂上的讨论很热烈，也很深入，学生的参与热情非常高，对人类破坏生态环境的问题分析得也很到位。在这个过程中，教师又给学生补充了一组有关野生动物被捕杀、某城市的光化学烟雾、沙尘暴、覆盖大半个中国的严重的雾霾天气等的图片，来帮助学生进一步认识人类破坏生态环境所带来的后果。就鸟类的捕杀问题，这位教师想起了过去我们曾经把麻雀当作“四害”之一的愚蠢行为，于是又给学生补充了一则描述当时城市居民站在楼顶扯着被单高声喊叫以吓唬麻雀的资料，并让学生分析“为什么现在给麻雀平反”……

不知不觉间，这堂课便进入了尾声。这时，这位教师又出示了两幅被誉为“春天的使者”的美丽的家燕的图片，问：“你们还记得小时候经常会唱到的一首儿歌吗？”学生看到燕子的图片，有的马上就哼起了“小燕子，穿花衣，年年春天来这里”那首出名的儿歌。这位教师点头赞许，并说道：“是的，美丽的小燕子是春天的使者，是人类的朋友，但看了下面的故事，你一定会为人类对生命的漠视感到难过。”

接下来，教师将一组“一只燕子惨遭车祸，另一只燕子悲哀救助”的图片以幻灯片的方式播放给学生观看，并配上鸟鸣的音乐，让一位学生把图片上所配的解说词读出来——

一个周六的下午，天空一片阴霾，家燕成群地停留在车水马龙的公路上，觅食戏耍着。突然，一辆急速行驶的大货车呼啸而过，随即地上坠落了一团黑影，不幸的事发生了……

这只不幸“遭遇车祸”的家燕，在地上已经动弹不得了。此时，另一只仿佛是它家人的燕子迅速飞到了它的身旁，希望唤醒“睡去”的伙伴，但现实是残酷的……

又一辆汽车驶过，飞快的车速将风卷起，地上的鸟儿也随之被吹翻了个身。这一点微妙的变化，仿佛燃起了救助者的希望，它再一次返回遇难者的身旁，并竭力鸣叫，冀望唤醒伙伴……



“为何你还不能飞起来啊，我的同伴？”可无论活着的它怎样尖声啼鸣，逝者也无法回应那凄厉的呼唤……

终于，它似乎明白，无论自己如何啼鸣，倒下的它也飞不动了。此时，无比悲伤的鸟儿，双脚似乎开始颤抖起来……

忽然间，活着的鸟儿竟尝试着将倒下的它抓起，希望带着伙伴离开这块不幸的地方。救助者以微薄之力展开挑战……它用力地振翅，一次又一次……尽管这种举动也许是徒劳的，但它仍不甘心，或许倒下的它能再度飞上蓝天呢？又是一辆汽车经过，停止呼吸的鸟儿又被一阵风吹动着翻滚了几下，再度受到鼓舞的那只鸟儿，坚持继续救助！

但是，竭尽全力救助伙伴的鸟儿，最终没能唤醒对方，尽管逝者的眼睛尚未合拢……

据摄影者讲，面对此情此景，当时他已无法继续坚持拍摄下去了。他怕那只不愿离去的鸟儿再遭遇意外，便走上前去，将那只已经逝去的鸟儿亲手挪到路边。而落在附近树枝上的那只执着的鸟儿，再度飞下来，久久哀鸣着，不愿离去……

教室里，随着那位学生动情的朗读，一张张图片翻过去，渐渐地，那位学生的声音颤抖了，哽咽了，而他的同学们也由开始的嬉笑渐渐变得表情凝重、变得安静，甚至眼里含上了泪水……①

老实讲，我读这个教学案例时非常感动，尤其是结尾的拓展、深化，给了我莫大的震撼。它促使我思考：课堂教学，特别是生物学科的教学，它的根柢与“灵魂”究竟是什么呢？

一位高中生物教师曾这样说道：**“如果一个生物教师的教学，不能时时地引起学生对什么是生命这个人类永恒的主题的思考，这种教学便失去了灵魂。”**②这话说得多好啊！引申开来，如果学生上了生物课之后依然不知道尊重生命、珍惜生命、善待生命，不能拥有关爱生命的人文情怀，那么，这样的生物教学即便传递了再多的生物学知识，恐怕也依然不能称得上是真正意义上的“生物学科教育”！

这，也就是我前面所谈到的“高贵的学科气质（品性）”的一种展现吧。

## 05

让我们再把视线投向处在人文教育高地上的历史课堂。

① 参见孙明霞著，《用生命润泽生命——孙明霞的生命化课堂》，福建教育出版社 2009 年版，第 168 ~ 173 页。

② 陈月艳著，《生物：育生命之真善美》，教育科学出版社 2013 年版，第 8 页。

古希腊哲人认为：历史是通过不懈的追问所获得的知识。换言之，我们可以这样理解：历史就是一种不懈的追问。所以，若我们一旦停止了对人类过往行程之履的叩问与求索，那么，历史亦就会如烟消散了……

不是吗？

还记得英国哲学家柯林武德所提出的那个著名论断吗？——“一切历史都是思想史”[1]。如果我们认同这一论断，也就意味着，设若我们的追问不再，思想停滞，那么，所谓“历史”自然也就会从我们的脑海里悄然走向消亡。

所以，站在教育的角度而言，历史教育的生命力就在于引导学生学会不懈地追问。反之，倘若我们在历史课堂上将无限的历史复杂性消解为一个个显而易见的所谓知识点，或者是一个个毋庸置疑的权威式的所谓“标准答案”，从而沉湎其中，止步不前，那么，我们便永远不要企望引领学生一步步趋近历史的真相，更不要企望引导他们去把握历史的真谛！由此，所谓历史教育的真正价值，也便会在这种陈腐而可笑的规训之下变得荡然无存。



英国思想家弗朗西斯·培根在其《论学习》中曾说：“读史使人明智。”可是，如果我们带领学生读史时并不懂得引导他们学会用思辨的眼睛和思想的大脑去审视、去思索，并且从中形成一种具有历史深度的思想和眼光，以此来关注和审视现实，那么，我们也就永远不可能达到“明智”的境界。——这是历史学科的特质所决定的！

所以，作为历史教师，是不是也该真诚地反思一下自己的教学，想一想究竟该如何改进我们的课堂教学策略，才能真正

---

① ［英］柯林武德著，何兆武、张文杰译，《历史的观念》，商务印书馆1997年版，第303页。

实现以人文滋养和公民培育为学科旨归的历史教育的根本目的呢？

## 06

我认为，课堂的肤浅与教学意义的缺失，实际上都源于我们对教育理解的肤浅。**“我们是用浮躁的活跃让学生习惯肤浅，还是用思维和精神的历险使学生走向博大?”**（窦桂梅语）另一方面，我们是习惯用自己的控制与专制继续造就一批批只会迎合、顺从的学习“奴隶”，还是应当营造一个让学生不再感到恐惧、惴惴不安的安全的课堂环境，让他们的精神生命尽情地自由生长？对此，我们是应该认真地想一想了。

尤其是，面对方兴未艾的又一波基于互联网数字技术的“互联网 +”课堂教学改革新浪潮，我们的关注点究竟应当放在哪里？难道仅仅是知识、技术吗？

我们应当要清楚，所谓“教育要面向未来”中的“未来”，不仅仅是指未来的社会、时代，更应当指向未来的生命、未来的生命灵魂！正如著名特级教师窦桂梅所说：“对于有意识的人的生命而言，未来的生命应当是相对于当今的深化、开拓和伸展。”如此，站在培育高素质的学生的角度来考量，课堂教学既应当让学生学得主动，更应当让学生学得深刻！若没有学生思维的深刻性、批判性，便谈不上教学的有效性，更遑论所谓“高效”！由此，若冀望能培养出真正意义上的高素质的学生，也就只能是我们的一厢情愿，是一个永远不可能实现的虚幻泡影……

所以，我们应当谨记：**人永远是技术的主人，而不是技术的奴隶！**借用一位朋友的话来说：人，天经地义地是永远矗立在“校中央”的啊！

# 警惕浮躁的“狂欢”

## 01

这些年，在课改的浪潮中，“活动体验”无疑是最具有标志性的一种教学时尚。在很多的中小学课堂里，有着数不胜数的各种令人眼花缭乱的“活动”花样：吹拉弹唱、展示表演……可以说，无论是教师还是学生，真的是为之绞尽脑汁，无所不用其极。一些媒体人也不甘寂寞，直接冲到“前台”，充当了这种课堂“活动秀”的鼓噪者、炒作者和推波助澜者，还制造出了一个所谓“生命的狂欢”这样颇具诱惑力的光鲜招牌。于是，一时间，我们的课堂便以“地不分东西南北，人不分男女老少”之势，完全淹没在一片不知所云的“活动”海洋里了……

然而，这种失去了理性的“为活动而活动”的大比拼，真的值得我们颂扬和效仿吗？我看恐怕未必。

在一次课堂教学改革成果展示观摩活动中，我领略过以所谓“活动体验”为“特色”的小学语文课堂——

那堂课上所学的课文是《英雄王二小》。这是一个大家耳熟能详的有关抗日小英雄的经典故事。大约是为了让课堂里的孩子们能够体验当年日本鬼子对根据地进行疯狂“大扫荡”的残酷与血腥，授课教师设计了一个让孩子们进行角色模拟的情境表演活动：让那些平时调皮捣蛋的孩子扮演进行“扫荡”的日本兵，而让那些平素老实、厚道、文静的孩子扮演根据地逃难的老百姓，即兴模拟表演当年那场关于抗日根据地的“扫荡”与“反扫荡”。于是，教室里开始了一场热闹的“老鹰捉小鸡”般的追逐游戏：无论是那些“张牙舞爪”的“日本兵”，还是那些尖叫“奔逃”的“老百姓”，全都喜笑颜开，乐不可支！——就这样，当年那场原本极为残酷血腥的“大扫荡”，在孩子们的眼里却变成了一场极为有趣的欢乐的“游戏”……

看到现场的孩子们玩得如此欢乐，我却无论如何也乐不起来。我在想：如此让孩子们的生命“狂欢”的所谓“活动体验”设计，究竟有多少意义、多少价值呢？

其实，从深处说，如果我们把教学过程中的“活动”仅仅理解并设计成一场所谓的“生命的狂欢”，这实际隐喻的便是这样一种活动设计理念：“最重要的是学习者的满意程度，而不是学习者的成长。”①如此，教室便在无形中失去了原有的价值功能，而“被改造成一个教和学都以娱乐为目的的地方”。这样一来，教室和教学也就如同尼尔·波兹曼所讥讽的那样：只不过都变成了一场“二流电视节目”②。试问：这难道是“有效”或者是所谓“高效”课堂的应有之义吗？



关于课堂教学，我尤其欣赏有人提出的下列观点——

知识是理性的产物，缺乏理性的课堂教学只能是一场闹剧。

没有理性思考的交流是肤浅的。因此，我们的课堂不能只是让学生的心停留在感官满足的热闹中，而是能沉静下来，以理性的思考来增强课堂教和学的深度和丰富性。……只有进行理性思考的学生，才能真正成为课堂教学的主体。

---

① ［美］尼尔·波兹曼著，章艳、吴燕莛译，《娱乐至死》，广西师范大学出版社2009年版，第126页。

② ［美］尼尔·波兹曼著，章艳、吴燕莛译，《娱乐至死》，广西师范大学出版社2009年版，第127页。

是的，站在教学的有效性角度来考量，如果课堂教学仅仅追求让学生学得快乐显然是片面的，更为重要的理应是让学生学得深刻！——若没有学生思维的深刻性，又何谈教学的有效性呢？

所以，教学活动设计切忌肤浅空虚，本末倒置，为“活动”而活动！

换言之，我们切不可把所谓的“高效”课堂的“活动”，演变成一场仅仅是为了满足感官刺激的浅薄的“展示”乃至“搞笑”！

处在课堂改革“乱花渐欲迷人眼”的今天，我们尤其需要不时地提醒一下自己，不断地去认真想一想尼尔·波兹曼在忧心忡忡之下所说的那句振聋发聩之言——

人们感到痛苦的不是他们用笑声代替了思考，而是他们不知道自己为什么笑以及为什么不再思考。①



是啊，那种仅仅是“以课堂为中心”的所谓“高效课堂”，说到底只不过是“教材中心”的变种，学生的视野与思维依然被牢牢局限在教材知识范畴之内。由此，所谓“生命狂欢”的结果，必然会使学生的学习仅仅停留于浅薄层面！——可能会有一些外显的“热度”，但绝没有内在的“张力”与思维的“深度”！

## 02

这些年，在以“自主、合作、探究”为主流声音的课堂

① ［美］尼尔·波兹曼著，章艳、吴燕莛译，《娱乐至死》，广西师范大学出版社 2009 年版，第 138 页。

改革浪潮中，强调对“知识”的基本认知的声音似乎显得十分微弱，完全被“探究”之类的时尚热浪所遮盖了，以至于越来越不再被某些教师——尤其是一些具有“新锐”意识的教师所关注。我觉得，这是一种令人担忧的现象。

在课改的大潮中，我们都在热血奔涌地一股劲儿地高唱：“授之以鱼，不如授之以渔。”我也发自内心地认同这种教学追求。但是，我们可曾想到这样一个问题：所谓“授之以渔”的前提是首先要做到“授之以鱼”啊！

试想：倘若你根本就不认识各种“鱼”（知识）的样子，更不了解不同的“鱼”（知识）的不同习性，那么，即便你拥有“渔”的本领，要想在茫茫的知识海洋里去“捕捞”到你所期待的“鱼（知识）”，成功的可能性又有多大呢？

所以，在我看来，冷静思索一下知识与能力的辩证关系，不走极端，可能才是我们在进行课堂教学改革行动时首先需要做的一门“功课”。



## 摒弃“概念秀”游戏

### 01

这些年，在基层中小学，所谓打造“高效课堂”的口号一浪高过一浪，成为许多学校的追求目标。然而，何为“高效”？“高效”是否就简单地等同于“高效率”？即便是单就教学的所谓“高效率”而言，又该作何理解才是全面的？遗憾的是，许多人尽管沉迷于口号的喧闹之中，却在事实上又常常是模模糊糊、语焉不详。

应当说，在课堂教学中，努力追求效率的最大化是可以理解的。可问题是，当我们把对“高效”的理解仅仅窄化成单一的知识授受的“高效率”时，那么这种走向的教学还值得推崇吗？

我的同事曾在某学校目睹了这样一个课堂插曲[①]——

在那节英语课上，一位教师是如此鼓动学生“积极”投入学习的——

“同学们，学好英语太重要了，熟练掌握了英语，到美国洗盘子、洗碗也比我在这里当老师强。来，同学们，让我们一起来说：‘学好英语，我能行！’……”

于是，课堂里便响起了学生整齐、响亮的表白……

我承认，也许这样的英语课教学可能会达到“高效”，但这是可取的吗？对学生的成长来说，以这样的“励志”鼓动方式所换来的“高效”难道就是我们所期待的吗？我想说，即便教师的教学方法高超，但对学生来说，缺失了道德目标和正确的价值取向的课堂教学，又怎能被冠冕堂皇地称为“高效”并令我们盲目效仿呢？

还有一种论调声称，不论你采取什么能登上台面或登不上台面的措施、手段，只要能取得所谓“高效”的教学结果，你就是其他教师学习的榜样！——真是这样吗？这种论调背后所潜藏的问题，难道不值得我们警觉吗？

那么，学校的课堂教学改革究竟应追求什么？是跟风式的一味热衷于外显的“展示”学生说、唱、演、画等无所不用



① 参见齐健、李秀伟，《生命课堂论纲》，载《创新教育》辑刊，山东教育出版社编辑出版，2005 年第 3 辑。

其极的“才艺比拼”，还是不管东南西北风，牢牢咬定“思维”这个内在核心不放松？在我看来，这实际上是区分“真课改”还是“伪课改”的一个关键。

当我们看够了太多的貌似热闹而实际上还是换汤不换药的依然固守“知识本位”，依然只是将学生塑造成书本知识的简单“搬运工”和“复印机”的所谓课堂“改革典型”，我们不禁隐隐感到有些忧心：在这种泡沫式的课堂改革“伪繁荣”的虚幻景象背后，有多少改革是真正指向了促进学生的思维——尤其是批判性思维和创造性思维——获得真实生长的呢？

**须知，抓住了思维，才是抓住了课堂教学改革的根本啊！**

所以，对那些总想出名，好大喜功，从而强迫一所学校乃至一个县区所有的教师“一刀切”式的硬性采用某种所谓“高效”教学模式的拥有权力的倡导者，我真想直言不讳地忠告一句：这是一种荒唐的愚蠢行为！

不是吗？19 世纪德国伟大的思想家马克思在其《政治经济学批判手稿》中曾举例说：“一窝蜜蜂实质上只是一只蜜蜂，它们都生产同一种东西。”同样，如果课堂教学活动设计只是人云亦云，刻板遵循某种程式化的同一套思路，又何来教师与学生的生命个性的张扬？

况且，不同学科的属性与特质各不相同，譬如，语文与数学相同吗？数学可以与物理、化学画等号吗？历史、地理能与物理、生物、音乐等混为一谈吗？

有位学者曾向我们发出这样一番充满思辨意蕴的忠告——

人文学科与科学有着不同的性质，发挥着不同的功能。科学在于揭示自然和社会运动的客观规律，文科则在于探求人生生活的意义；科学追求的是精确性和简约性，文科追求的则是生动性和丰富性；科学的标准是规范的和统一的，文科的标准是多变的和多样的；科学强调客观事实，文科强调主观感受。……①

这是多么精辟而深刻的洞见啊！

然而，为什么在一定范围内，某些自诩为"教学管理者"的人总是固执地无视这一切，而一定要整齐划一、毫无例外地强制不同学科的教师采用同一种教学模式呢？这难道不是一种反科学、反教学规律的愚蠢行为吗？

教学是教育的重要组成部分，是直面生命成长的一项重要活动。因此，我们的课堂教学改革特别需要理性，需要慎重，需要足够的耐心与沉静。然而，事实上，中国当下基础教育的课堂改革正蔓延着一种按捺不住的近乎狂热的浮躁病！这种"浮躁病"，单是从那些花里胡哨、层出不穷的各种"课堂"概念上看，就足以令人瞠目结舌、莫辨东西了。



这个一度高烧不退的"高效课堂"概念背后，实际折射出的是一种典型的急功近利与浮躁心态。其实，这些年远不止一个"高效课堂"，另外一些披着华丽外衣的各色名目的"课堂"，更是如过江之鲫，一波又一波地不断闹哄哄蜂拥而至，看看吧：有什么"魅力课堂""精彩课堂""活力课堂""卓越课堂""生态课堂""诗意课堂""智慧课堂""快乐课堂""和谐课堂""幸福课堂"，还有什么"本真课堂""无师课堂"……

诸如此类的每一个"××课堂"概念，都显得颇有学问，颇为光鲜。然而，在我看来，这些只不过是一种玩文字游戏的"画龙"术，实际上掩盖不住内在的苍白与肤浅，经受不住追问与质疑。

---

① 袁振国著，《教育新理念》，教育科学出版社2002年版，第56页。

有一位热衷于此类“改革”游戏的校长，先是狂热追逐被捧成“改革旋风”的某校的“高效课堂”模式；没过多久，听说某地又推出了“活力课堂”，该校长大感兴趣，于是又下令全校换上“活力课堂”的名头，一律言必称“活力”，云云。……一些基层区域的教育官员也不甘寂寞，一纸红头行政指令，要求所主管的整个县区范围内的所有学校、所有教师，三年内必须将某地的“高效×环节课堂”模式全部不准走样地搬到自己的课堂上，五年内则必须要全部实现所谓更高级的“互联网+课堂”工程，如此等等。

这真的是一种病，一种可怕的“改革狂躁病”，或者说是为了“政绩”而无休止的“折腾病”！

我们为什么会如此浮躁？如此热衷于炒作那些换汤不换药的空洞的“课堂”概念呢？我们是否应该稍稍冷静一下，对此进行认真的反思呢？……



## 02

不得不说，在这些年所流行的课堂教学“创新”的浪潮中，有一些令人忧虑的赶时髦的盲目现象。譬如，一说到教师要“有思想”，要带着思想去施教，有些人就认为可以把最基本的道德底线肆意“戏说”一番了；一说到教学设计要“求新”，有些人就一窝蜂地忙着绞尽脑汁琢磨如何让自己的哪些教学环节设计得与众不同，能够“出彩”；等等。

在我看来，一名教师想让自己的教学设计能够“出彩”，这种想法是可以理解的。但是，我在这里必须要追问一句：作为一名肩负着对学生精神引领方面的责任的教师，你心目中要“出”的“彩”究竟是什么“彩”呢？我在基层学校听课时，就见识过这样一个例子——

有位初中历史教师在讲到“帝国主义掀起的瓜分中国的狂潮”这个问题时，为了使自己的板书设计“出彩”，显得与众不同，而颇具匠心地将板书的内容最后全部组合在一个大写的英文单词“HOT”的形状里；而且，在最后总结全课的主题内容的时候，还特意“画龙点睛”式的加重语气强调，当时帝国主义在中国掀起的就是这样一个“HOT”的局面。当时，我看到这位教师的表情是很为自己的这个设计创意而感到骄傲和得意的，因为，她大概觉得自己的这个设计是“创新”。是啊，你看，这个板书的结构是多么不一般呀，还实现了历史与英文学习的结合，可谓“一箭双雕”。下课后，在评论这节课时，我就听到一些教师——甚至包括一些教研人员都对此颇为赞赏，很是推崇。可是，我并不以为然。

在我看来，这位教师的板书设计恰恰就犯了上面所说的刻意追求形式上的“创新”，而忽视了教育宗旨这个根本性的问题的毛病。我为什么这样讲呢？众所周知，在英文中，“HOT”这个单词作形容词使用时，它的意思可以解释为“热的”“热情的”“热心的”，以及俚语“极走运的”等。按这些意思来理解，当时帝国主义列强在中国所掀起的瓜分“狂潮”，就不再是一种应当痛加斥责的疯狂侵略行为，而变成了一种近乎褒义的热烈的、热心的，甚至带有那么一点俏皮意味的行动。这样一来，这个问题的性质岂不就变味了吗？

当然，我并不是在否定把板书设计成英文单词的形状这种创意（或“出彩”），但问题在于，教师所选用的英文单词在词性上必须要注意科学性，必须要严谨，绝不能使人产生与教学内容的主旨相反的歧义性理解！譬如，还是回到这节课的内容上，“瓜分狂潮”自然应当指的是一种疯狂的行为，而这位教师为什么不采用"crazy"（疯狂的）或"frenzy"（狂潮，疯狂）这两个含义更贴切的英文单词，来设计她的板书呢？

由此回想一下，我们在观摩一些所谓的"优质课"或公开课时，往往习惯于把目光对准那些教学技巧；而授课教师也往往在展示（或者干脆说是在卖弄）这些教学技巧方面乐此不疲。在我看来，这无疑是一种舍本逐末的行为！

那么，何为"本"？"本"即灵魂，倘若灵魂被舍弃掉了，那么你所热衷追求的"末"——局部的、微观的技巧性的环节设计——即使再精巧、再迷人，又有什么教育价值呢？所以，我认为，在课堂教学设计中，如果无视教学灵魂、精神引领这个根本，那么所有的令人眼花缭乱的种种标新立异的所谓"创新"设计，都是毫无意义的，都是并不值得肯定的。

由此而言，在课堂教学设计上，仅有外在的所谓"创新"是不够的，特别是在人的个体私欲恣意膨胀，人们对自身的生存价值认识上出现了一些模糊甚至异化的情况下，发掘教学内容中内在的人文教育因子，既是必要的，更是必须的。

其实，仅就历史学科来说，我们完全可以把一部人类发展史看作一部人类不断探索创新的历史。人类正是通过执着地、持续不断地创新，才由茹毛饮血的原始时代走到了现代化文明高度发展的今天。所以说，在历史教学内容中所蕴含的让学生感知和领悟什么是创新、为什么创新，以及如何才能够创新的教育因子之丰富，是不言而喻的。可是，为什么有些教师在这些方面不去下点儿功夫好好地加以挖掘和充分利用，而偏偏将全部的精力和注意力都放到那些纯属于技巧性的细枝末节的争奇斗艳上去了呢？在我看来，这就是一种典型的抓"小"（教学技巧）舍"大"（教育宗旨）的本末倒置的行为。

因此，我在这里特别想诚恳地提醒一下教师同行们：如果我们真的是站在教育的高度俯瞰课堂教学，那么，教学设计岂能抓“小”舍“大”！

## 课堂的至美至境

### 01

我相信，大凡有责任感、有理想追求的教师，几乎没有不希望自己的课堂教学尽可能达到“完美”境界的。但是，事实上，究竟有没有“完美”的课堂教学呢？如果有，那么怎样的课堂教学才堪称“完美”呢？

我必须声明，一方面，我并不认为这个世界上果真会有绝对的“完美”存在——不论是我们的生活，还是我们的工作。当然，其中自然也包括我们的教学。但另一方面，我认为，“完美”又应当是值得我们每一个人孜孜以求的一个理想化的境界。设若一个人没有了对理想的追求，实际上便等于失去了生命的支撑和发展的原动力。如此，我们的生命之花就会由绚烂走向枯萎、凋零！

尤其是，当如今的中小学课堂愈来愈被声、光、电等各种技术或吹拉弹唱等各种表演包装得令人眼花缭乱时，当原本“天然去雕饰”的素雅、文气的课堂愈来愈被我们手里的各种艳俗“口红”涂抹得俗不可耐时，探讨一下究竟怎样的课堂教学才可以称得上近乎“完美”，就真的变得很紧迫、很必要了。

这些年，课堂教学改革的热潮真可谓一直“高烧不退”，尤其是那些各种各样的所谓“高效课堂”典型，几乎都被其背后的各路推手纷纷标榜为“史上之最”，甚至号称是“史无前例”的“伟大”创举。于是，在教育的“江湖”上，便催生出一批摇唇鼓舌的“高效课堂大师”，且各有各的所谓“高效课堂模式”……一时间，在基层中小学，所谓“高效课堂”的名号便如日中天，俨然成了引发无数顶礼膜拜者盲目追求的课堂改革的最高境界！

那些四处“布道”的“大师”宣称：高效课堂是一场“生命的狂欢”。在这里，一定要有一份无所不能的“导学案”；一定要有教师的指令一发，学生们便齐刷刷地站起来进行的所谓“讨论”活动（至于“讨论”什么，效果如何，并不重要），以及轮番上台的展示、主持、表演；至于教师，对不起，请把嘴闭上，屈尊一隅吧。——因为，我们要“把课堂还给学生”……

其实，明眼人都看得出，在此等集市般闹哄哄的所谓“高效教学”模式下的课堂里，学生的学习不过是变着法子照搬课本画葫芦的浅层次学习而已，而**真正促使学生思维发展的“深度学习”则从未发生！**然而，在某些媒体的鼓噪之下，还是挡不住各地前往这些“课改典型”学校“朝圣”的“发烧友”们的步履……

我认为，这是一种十足的盲从的悲哀。在如此“高烧”亢奋之下，我们已经莫辨东西了。所以，我质疑：我们确实应该真诚地追求完美的课堂教学之境，然而，像这种娱乐化的闹哄哄的“二流电视节目”般的课堂，便是我们所追求的理想课堂境界吗？

有一段时间，我特别痴迷于阅读武侠小说，借以调节、放松一下疲惫的大脑。在阅读消遣之余，我不经意间忽然发现，原来江湖上那些仗剑走天涯的高手，穷其一生所追求的最高境界，居然是“手中无剑，心中也无剑”。

这一极富于哲理意味的妙论，起初让我大为惊讶，继而又让我着实忍不住扼腕赞叹、感佩不已，同时让我对那个长久以来一直苦苦思索的课堂境界的命题，有了一种茅塞顿开、豁然开朗的感悟。

倘若借此来观照我们的课堂教学，那么对于所谓“完美”的教学境界，是不是就可以做这样的思考与表述——

**完美即简约，极致即无痕。**

古人亦云：“大道至简，大象无形。”可见，**“简约”才是一种教学的大气度、大智慧，而“无模式”也许才称得上是教学模式的最高境界啊！**由此可见，为那些繁缛浮华的课堂进行“消肿”，让其返璞归真，用看似最质朴无华的简约方式，使学生获得最丰硕的收益，这大概才是课堂教学应达到的至高境界吧。



## 02

课堂教学究竟靠什么来打动学生？这是许多年轻教师常常苦思冥想的一个难题。靠技术？靠语言？靠游戏？或者如同某地一位年轻教师声称的那样：要用一种所谓的“嘻嘻哈哈教学法”，把学生培养成自己的“超级粉丝”？……对此，我们也许可以从北京市第四中学的老一代教师——李家声的语文课上获得某种启示。

当年，李老师教过的一个理科班的学生说，李老师讲《离骚》时，好像被屈原附体一样，散发出一种人性的光芒，让学生心里有说不出的感动。“先生朗读《离骚》，时而激扬，时而悲愤。……感觉屈原就在这里，就站在教室里一样。”

这位学生感慨地说：“像我们这些十七八岁的高中生，正是追星的年龄，很容易被面相、服饰等表面的美所吸引。但是那会儿，我是把屈原的画像搁在相框里。我被屈原那种灵魂的美、精神的美，所深深地吸引。”

虽然《离骚》只上了两节课，但作为一个从前不喜欢语文的理科生，课后，这位学生不知花了多少时间反复读《离骚》，差不多把《离骚》全背了下来。

一位已毕业的学生感慨道：“他（李老师）爱中国的语言文化，胜于自己的生命。”李家声老师朗读岳飞的《满江红》，那不是读，而是吟唱。“每次唱，他都会哭。先生是经历过国家动乱的人，对国家命运的那种深深的关切，让他有感而发地哭，这令我们非常震撼。”

一位后来考上北京大学的女孩，曾这样回忆语文课上李家声老师吟唱《满江红》时的一幕——

开始时，我望着他，他微蹙着眉头，凝视着前方，几根发丝微微颤动。但很快，我低下头，不敢再抬起来，因为我知道，自己的双颊已经红得发烫，眼中的泪水，已经涨到收不回的程度。

当唱到“待从头、收拾旧山河，朝天阙”时，先生已满眼是泪，同学们也满眼是泪。歌罢，教室里立刻响起雷鸣般的掌声。我们把手拍红了，却都不愿意停下来。就这样，掌声一浪接一浪地响了不知多长时间。①

一茬茬的学生，就这样成了李老师的忘年知音。

李老师的故事，让我想起了有人说过的一句话：**“课堂教学的最高境界应当是震撼，以及震撼之后所带来的长久思**

① 参见董月玲，《师说》，载2008年7月16日《中国青年报》“冰点周刊”。

考！”然而，能否达到如此撼人心魄的教学效果，看来关键并不在于我们的课堂上是否拥有声、光、电技术下的花样争奇斗艳，也并不在于我们所在的学校地处穷乡僻壤还是繁华都市，而是取决于教师是否将自身的精神生命与教学内容真正融为一体。

是的，教师唯有将自身的精神生命与教学内容真正融为一体，方能将教育之“根”牢牢地根植于学生的心灵深处！

## 03

教育学者张华博士曾言，衡量一堂课好坏的标准就在于看它是否拥有**“家园般的自由氛围与实验室般的研究氛围”**。我觉得，这真是对课堂教学至美至境的一种绝妙的诠释！不独如此，著名学者钱理群先生曾这样描述他对教学本质的认识：“**教学的本质是一种自我发现**。教学的过程是学生发现自我的过程，同时也是教师发现自我的过程。这是双向激发的生命运动：学生内心深处最美好的东西被教师激发出来，在这一过程中，教师自己心灵中最美好的东西也同时被激发出来。这样，教与学双方都达到了一种真实的精神的提升。”他强调：在上课时，师生之间有一种精神的交流；上完课，双方的精神都升华了。

由此而言，指向学生生命整体发展的课堂教学，给予学生的绝不仅是知识和技能，它更应当拥有这样一些丰厚的内蕴——从人的全面发展及社会可持续发展角度看，应强调人文教育、人格教育、审美教育，以及人与社会、自然之间和谐共存的教育；从时代发展的新趋向来看，应强调培养和发展学生的个性、创造性。

换言之，这样的课堂教学理应给人以思想——独立的、批判的、拥有思辨力的思想；给人以眼界——深邃的、多维的、具有穿透力的眼界；给人以胸怀——博大的、宽厚的、具有自信力的胸怀；给人以情感——向真的、向善的、具有审美力的情感；给人以“文化”——文化品格、文化素养、文化境界，以及文化的升华力……

在这里，我还想特别强调一句：既然从本质上来说，教育是一项美的事业，那么，作为教育的重要组成部分的课堂教学，自然也就应当拥有一种从内到外的美的追求。而所谓课堂之“美”，究竟美在何处呢？我觉得，它大概体现为美在人性、美在深情、美在思想、美在自然、美在素朴、美在自由吧！

所以，我发自内心地祈望大家能够牢牢记取——

**课堂理应是一个催生思想、滋养智慧、培育精神、陶冶人格的生命场，倘若思想不在，智慧无存，精神委顿，人格猥琐，造就的只是一些“会走动的书橱”，则教育即不复存在，则课堂教学的核心意义亦不复存在！**

# 题5　传承

倘若我们对教育先辈们一代代传承至今的优秀教育传统失去了应有的了解和敬畏，则我们今天正在热热闹闹进行着的某些所谓教育教学“改革”行动，就很有可能会走弯路，甚至会演变成一场盲目的瞎折腾。

# 教育史告诉我们什么

在一个喧嚣浮躁的时代里，我们常常会在心底里不自觉地泛起一种迷惘的感觉：我们究竟要走一条怎样的路？我们的路究竟在哪里？我们究竟该如何走好我们的路？……诸如此类的问题时常萦绕在脑海里，挥之不去。——教育改革尤其如此。

其实，很多事情本来是比较清楚的，也许就是因为我们在浮躁的心境之下从未认真地从前人那里汲取一点儿智慧，以至于我们的视线渐渐变得模糊了吧？重读吕型伟先生于2003年的一番谈话，我似乎悟出了一点什么……

在5月沪上的那个下午，这位年逾古稀的教育前辈向一批教育后辈敞开心扉，侃侃而谈。让这些后辈没有想到的是，他谈的主题既不是当时正热火朝天的基础教育课程改革，也不是什么创新之类“时尚”的新理念，而居然是许多人抛诸脑后、很少想起的“老古董”——教育史。那么，吕老何以想起这样一个话题？让我们不妨也来听一听他的谆谆之言——①



我一直在思考，到底什么叫创新？近年来在改革与发展的大潮中形式主义与浮躁的现象相当严重，我称之为“浮肿病”与“多动症”，口号不断翻新，模式层出不穷，仔细去检查一下，除了向你展现那一点形象工程以外，大都是文字游戏，其实一切照旧。……这一场教育改革如果最终失败的话，原因大

① 吕型伟，《要学点教育史——关于教育创新的一次谈话》，载《教育发展研究》2003年第7期。

概就出自上面讲的两种病。病因是多样的，有的是为了出名，有的是出于无知，好像田径运动员，不知道世界纪录是多少，却吹嘘自己破了世界纪录。

教育这个社会现象已有数千年历史，在探索教育规律这条道路上，前人已做了大量工作，进行过无数次实验，提出过许多教育理念、理论，成功的、失败的，可以说是不计其数。如果你一点都不知道，怎么可以自吹是创了新理论、新模式呢？

爱因斯坦之所以取得成就，是因为他站在巨人的肩膀上。教育也应当是这样。你一不知道有巨人的存在，二不知道巨人的肩膀在哪里，却自称已达到历史的高度，岂不要让行家笑话？

……

人类教育史上第一本教育理论书《学记》至今已有两千年的历史，以后世界上又出过多少教育理论书籍，出过多少有影响的教育家，我们不可能一一都去阅读研究……但是作为一个教育理论工作者，或者作为一个教育家型的校长，对教育思想发展史上的巨人以及他们的主要代表作、主要的理论贡献，不应该一无所知，更不应妄自尊大，打着创新者的旗号到处去吹。



正是基于现实存在的这种状况，吕老语重心长地建议，凡是从事“面向未来的基础学校研究”的人们都有必要学习一点教育史。他列述道——

譬如，在文艺复兴时期……一批著名教育家在教育上奠定了人文主义的教育思想，提出了发展儿童积极性、主动性的要求，重视智力的发展，提出了广泛的课程表，除人文学科以外，还增加了自然、物理、地理、历史、数学、天文学等内容，并特别提出尊重儿童人格、发展儿童人格等观点。

著名的人文主义教育家、意大利的维多利诺，在1423年制订了五条办学原则，他大概可以说是“愉快教育”的祖师，还办了一所学校，自己给学校取名为“快乐之家”，自称“仁爱之父”，学校充满人文精神。……还有两位人文主义教育家，一位是法国的拉伯雷，他的代表作《巨人传》，对封建制度进行了有声有色的讽刺，对从封建制度下解放出来的新人给予了崇高的礼赞，他主张要使全部教学变成愉快、轻松、富有吸引力的活动，“以至觉得与其说它像学生的学习，毋宁说它像国王在消磨时光”。另一位是法国的蒙田，他要求发展学生的思考力、主动性和积极性。

今天我们的“愉快教育”能到这个水平吗？我说过我们的“小皇帝”顶多只能享受到6岁，6岁一上学，就从皇帝变成了“奴隶”。……

……

到19世纪末主要是20世纪初，在美国出现了一个非常重要、影响极大的教育流派，即实用主义教育流派，创始人就是杜威。他对传统教育的理论与实践发起了批判，提出“儿童中心”的理论，认为儿童是太阳，教师和一切教育工作要围着“太阳”，强调要将教育的重心由教材、教师和其他一切教育工作转移到儿童，所以这也被称为教育领域的“哥白尼式的革命”。与此相关，他还提出了“教育即生长”“教育即生活”“学校即社会”和“做中学”等一系列与欧洲传统教育完全不同的新理念。……以杜威教育思想为指导的克伯屈设计教学法，还有一种教学方法是废除课堂讲授，学生与教师订立学习公约，在改教室为各科作业室或实验室自学的基础上，学生按自己的兴趣，自由支配时间，各科作业配有该科教师一人作为顾问，进度可由学生自己掌握，教师检查记录，学生的毕业时间也各不相同，这种比设计教学法更为个性化、并以学生为中心的教学制度，叫道尔顿制。以上两种方法在解放前我都试过。

再有一种叫文纳特卡制，也是将课程分为两类：一类是所有学生都要学习的（读、写、算），但以自学为主，每人进度可以不同；另一类由文化和创造性的经验组成，以小组为背景开展活动，无一定程序，也不要考试。总的实验目标是教学个别化、学校社会化。……

**谈到这里，吕老话锋一转，向在座的教育研究者们发问道——**

现在，我们正在进行课改，课改推出的研究性学习与设计教学法十分相似，我不知道提出研究性课程的同志是否了解过克伯屈的设计教学法以及其后为什么会停止执行的原因。



**接下来，吕老又回顾了新中国成立后教育发展所经历的曲折道路，并进而向我们发出了这样一番语重心长的告诫——**

改革开放后的教育改革提出以学生发展为本，学生是主体，课改又搞了研究性课程，这是不是又在走向现代派教育？可现代派教育发源地的美国对此也不满，也在改革，而且是向传统派靠拢。所以，我说要好好学习一下教育思想史，总结经验教训，能否从两派中跳出来，这才叫教育创新。

改革开放已有20多年，新中国成立已有50多年，从1905年废科举兴新学以来百多年，人们总得长点儿见识吧！

一定要在传承的基础上谈创新。

西方教育也在改革，但不能简单照搬。

一句话，要站在巨人的肩膀上，就得知道巨人是谁，他的肩膀在哪里？

我认为，吕老的忠告对当今那些一味沉湎于玩弄花样翻新，整天以所谓“创新”面目示人的功利型“教育改革迷”而言，无异于一记响亮的警钟。然而，为什么我们总是热衷于盲目追风，而常常对历史的告诫充耳不闻，甚至讥之落伍，弃之如敝屣呢？

在一次教育沙龙上，我见识过一位自以为有些所谓“改革”成就的踌躇满志的校长，其语出惊人：“过去的教育学都是害人的……”闻之，我惊愕无语。我不知这位校长对于“过去”究竟知道多少，其实单是民国时期的教育，便不知有多少巨擘的思想精华令人高山仰止、心怀敬畏！不是吗？我想问：难道蔡元培的教育学是害人的？难道陶行知的教育学是害人的？难道梅贻琦、张伯苓、陈鹤琴、夏丏尊、舒新城等人的教育学都是害人的？

唉，真希望这位自命不凡的校长在百忙之中真能如吕老所劝诫的那样——“读一点教育史”吧，不要再闹出“无知者无畏”的笑话了！

事实上，在今天，所谓搞教育改革的人，确实已经很少有人再提对教育传统的传承了，好像一提传统就有守旧、复古之嫌。可是，我坚持认为，大凡不重视对教育传统进行传承的所谓教育改革，其结果往往是危险的，是短命的。

不是早就有这样一句名言吗？——一个不尊重历史的人，最终必定会重蹈历史的覆辙。

## 感喟孔子的“成人观”

每每阅读孔子，我常常在不知不觉之间便被他那些言简意赅、意蕴深远的教育洞见所打动，并对此感慨不已。譬如，我们都知道教育是培养人的事业。但是，对于教育究竟应当以培养什么样的人为目的，即便已有无数学者写下了不计其数的大量论述，时至今日，依然还是不少学校教育工作者嘴上说的与实际做的常常发生矛盾、并未真正在内心深处形成信念的一个老问题。而身处于两千多年前的孔子，对此却早已毫不含糊地给出了一个明确而坚定的回答：教育的目的就在于要把学生培养成人格境界臻于完美的人，亦即“成人”。那么，在孔子眼里，所谓“成人”究竟意味着什么呢？对此，他是这样描述的——

若臧武仲之智，公绰之不欲，卞庄子之勇，冉求之艺，文之以礼乐，亦可以为成人矣。①

很明显，在孔子看来，教育的全部目的，就是要努力使所有的受教育者都能具有德行、智慧、克制、勇敢、才艺，以及礼仪、审美等多方面的修为与素养，成为全面和谐发展的人。当然，若要将这样理想化的育人愿景转化为现实，确非易事。因此，孔子又补充道——

① 出自《论语·宪问》。这句话的意思是，如果具有臧武仲的智慧、孟公绰的克制、卞庄子的勇敢、冉求的多才多艺，再用礼乐加以修饰，也就可以算是一个完人了。

今之成人者何必然？见利思义，见危授命，久要不忘平生之言，亦可以为成人矣。①

这也就是说，一个人只要能够做到“见利思义”和“见危授命”，哪怕是长期处于贫困逆境之中也能始终不渝地坚守自己平生的诺言，那么这也就可以将他称作一位已经跨入了人格完善境界的“成人”了。显然，在孔子的心目中，教育所孜孜以求的全部努力之目的，无非就在如斯！

这是具有何等长远眼光的深邃卓见啊！

然而，两千多年后的今天，我们对于孔子所倡导的这种指向全人发展的育人传统，又传承、发扬得如何呢？

在我国今天的基础教育学校中，“全面发展”早已是一个喊得非常响亮的办学口号了。但是，毋庸讳言，在这个口号的背后，有一些以“名校”自居的学校，显然遗忘了这一古已有之的全面育人观，而仅仅是以每年有多少学生考上了名牌大学作为沾沾自喜的最高荣誉来博取名声。并且，为了不断强化和扩大此名声，许多学校还愈来愈变本加厉地以所谓的“军事化管理”为手段，以“只要学不死，就往死里学”“扛得住给我扛，扛不住给我死扛”“宁可血流成河，也不落榜一个”“要成功，先发疯，下定决心往前冲”“就算撞得头破血流，也要冲进一本线的大楼”“不像角马一样落后，要像野狗一样战斗”之类近乎疯狂且带有血腥味的口号进行所谓的“励志”，将学生牢牢地禁锢在教室里，使他们淹没于各种各样的强化训练题海之中，至于社会实践、生活体验、个性兴趣等则

① 出自《论语·宪问》。这句话的意思是，现在的完人何必一定要这样呢？见到利益能想到道义，遇到危险能献出生命，长久处于穷困之中还不忘平日的诺言，这样也可以算是完人了。

通通被拒之门外。在如此高度“封闭式”的“精心呵护”之下，这些学校的升学率看上去确实是节节攀升了，然而，那些一批批走出了校门——包括那些考入了名牌大学的“高考楷模”，作为学校培育出来的光彩照人的“果实”，真的就可以因此而让他们的母校大书特书、引以为傲了吗？

前些年，在一些地方的父老乡亲中间就流传过这样一首民谣，讽刺的就是一些没有考上大学的高中生回乡后面对生活手足无措的窘困之状：“现在的高中生，干啥啥不中，要是去死吧，想想还太年轻……”歌谣说的虽有些过激，但现实又何尝不就是如此呢？试问，在诸如以上所列举的那种“应试牢狱”般的学校里，学生除了练就了一身应试的“本领”之外，还能接触和学到些什么呢？记得有人曾这样说：学校教育的最终成果，就是看将来那些走出校门的学生把在学校里所学的所有知识都忘掉之后，身上所剩下来的东西。那么，我想问一句：在当下的一些为了能制造出“考试神话”而不惜彻底泯灭、扼杀掉学生所有的兴趣、特长的学校里，学生走出校门后，除了似乎有一身应试的“功夫”之外，他们身上还能剩下什么呢？



学校教育究竟要培养什么样的人？难道就是培养上述这种只会应对考试，而面对生活世界的复杂与种种考验一无所长，只能束手无措的“低能儿”吗？所以，在我看来，孔子在两千多年前即已明确提出的教育“成人”观，确实应该值得我们今天反复重温、咀嚼和深入地反思一下了。

由孔子，我不禁又联想起了南宋时期那位声名远播的理学大师朱熹老先生。

我相信，只要一提起朱熹，他那著名的“明人伦”思想应当是众人皆知的，但可能不太为人所知的，是他对应试教育行为的抨击。他对那些忽视学生的伦理道德教育，忘掉了育人职责，而只是“以钓声名，取利禄而已”的学校行为极其反感。他曾毫不客气地斥责道：此等学校，“其师之所以教，弟子之所以学，则皆忘本逐末，怀利去义……以故学校之名虽在，而其实不举，其效至于风俗日敝，人才日衰”[①]。

对比当下，我们今天的学校又如何呢？

一位网友如此说道：“中国的学校不是学校，是‘学店’——到别的店里花钱还能买点喜欢的东西带回家，在这个店里只有掏钱买气受，最多带回一颗发育不全的苗。”我以为，此言实在是太精辟了！是的，我们这些“店员”终日在“店”里忙碌，可究竟“忙”了些什么？这些“忙”有多少是真有价值的呢？真该想想了。

## 回望民国那些名校



九十余年前，在上海曾诞生了一所叫作“立达学园”[②]的普通学校。然而，今天知道民国时期的这所学校以及它的创办者匡互生先生的名字的中小学教育界的同人们恐怕并不多，但我认为，立达学园与匡互生先生是最不该被我们遗忘的。不是吗？且看：早在九十余年前，匡互生便在他的这所简陋的学园里开辟了农场，增设农村教育科，开展农业实践等，将书本知

---

① ［南宋］朱熹，《镇江府学记》，引自张传燧著，《解读中国古代教育思想》，广东教育出版社2009年版，第95页。

② 立达学园是1925年由匡互生等人在上海创办的一所新型学校，设有农艺科和艺术专修科等。该学园以《论语》中的“己欲立而立人，己欲达而达人”一语为校名及办学宗旨。

识与生产劳动紧密结合，培育“能为农村服务的新农夫”。

反观我们今天，在千万所争艳斗奇的学校里，拥有类似这样“接地气”的办学理念与实实在在服务于社会最底层的培养目标的，还能找出几所呢？

我还想起了民国时期的另一所学校——南开中学。在张伯苓校长主持下的南开中学，当年有一种令学子们印象深刻的“三点半精神”，即每天下午三点半之后，学生必须全部到运动场进行体育锻炼或参加各种社团活动，如果训导老师发现有学生躲在教室里做功课，立刻记大过一次。张伯苓先生曾有言：“不认识体育的人，不应该做学校的校长。”何以如此？那是因为他对当时国家积弱不振、任人欺凌，以及压在国人头上的那顶“东亚病夫”的帽子痛彻心扉，发愤从教育开始、从青少年开始求强图变！可是，今天呢？我们许多中学的情形恰好翻了个个儿！



那么，我们今天的中学是什么时候开始渐渐被纯粹的功利主义遮蔽了眼睛，是什么时候将诸如立达学园、南开中学等民国时期的学校的优良办学传统与忧国救国的教育情怀弃之如敝屣了呢？……

面对我们的教育前辈，我们这些后来者难道不感到惭愧，不该醒醒了吗？

是的，每每阅读这些百年老校的办学史，我便常常忍不住掩卷感慨：在过去那些简朴的老学校里，盛满的是厚重的文化和忧国忧民情怀；而在我们今天豪华的“新”学校里，充斥的却常常是短视的功利和浮躁的气息！

那么，为什么我们当下许多门庭气派的新学校里，文化气息反而渐行渐远？也许是因为我们现在只有教书的“匠人”和“匠气”，而已不再有真正的“文人”及其“风骨”了吧？

## 真教育家的品格

有人曾这样感叹：真正一心想改善社会生活、提升国人文明水准的教育家，往往都是“低调的理想主义者”。其不慕虚名，耐得住寂寞，持续地一点一点为国家、为民族的教育竭尽自己所有的力量，是他们共有的突出特征。著名学者傅国涌先生曾就此感慨道：中国每逢乱世，都不缺那种指向天下的鸿鹄之志，缺的是一心想改善社会生活、提升文明水准的人。这些人即使出现了，当时造福乡里，事后也容易被淡忘。……

这，大约也就是老子所说的“水利万物而不争”的意蕴吧。我认为，这才是真正的教育家的高贵精神品格。

然而，放眼当下，我们身边还有多少拥有这种高贵气质的教育家呢？

我在前面举过一个例子，有一位好不容易才弄了个所谓“××名师”称谓的年轻人，志得意满地向我炫耀：“从现在起，我也是个‘人物’了！”

有一个行走于教育江湖，且摸透了现在某些校长追逐名利、心态浮躁的“聪明人”，则在背包里装满了一堆诸如“中国杰出教育家”“中国十大潜力校长”“××年度新教育家”“××年度实力校长”等名头惊人且明码标价的“证书”，专门向那些做梦都想出人头地的校长兜售，而其生意居然不可思议地兴隆。仅某位县城中学校长的手里，居然就攥了五六张这种名头唬人、来历不明的大红证书……

这些已经习惯于往自己脸上贴金的自诩为“教育家”的

人，犹如江湖上那些来历不明的卖狗皮膏药的野郎中，热衷于整日出没于各种论坛和媒体的聚光灯下，面不改色心不跳地自吹自擂，说起那些连自己都说不清是真是假的“丰功伟绩”来，一套一套的，从不心虚脸红。总而言之，挖空心思追名逐利，也就成了他们的一个共同特征。

所以，如果说这些人也是“教育家”，那么，我能想到的只有一个词汇可以奉送：——亵渎。

是的，我认为，这是对“教育家”这个称号不折不扣的亵渎！

民国时期的温州，曾有一位大半生投身于家乡的教育，惠泽一方的“无名”教育家。说他无名，并非他没有名字，而是因为他一辈子低调行事，从来不计名利，只知埋头勤勉地通过兴办教育来默默造福乡里，以至于即便是在他的家乡，知道他的人也没有几个。他，名叫王人驹。



其实，这位甚至被家乡人都淡忘了的“非著名”的民国教育家，确实好像没有什么惊天动地的赫赫功业，以及为后世传诵的等身著作。然而，就是这位看上去默默无闻的“无名者”，在那个时代里，以把家乡的学校办成“为改良农村组织的训导者、为增进农村生活的领导者”为志向，把教育看作社会建设、乡村建设的中心，并以自己的实际行动身体力行。他是陶行知先生倡导的“教学做合一”的生活教育观的坚定信奉者，在他曾任校长的小学里，他带领着孩子们唱着这样的校歌：“我们在这里勤学勤做，生活即教育，社会即课堂……”尤为可贵的是，他虽然多年担任当地教育行政官员，却一直坚守教育独立观，坚持主张学校的教育应当要有一定的独立性。譬如，学校可以在课程设置上重视乡土教育，甚至可以把堂堂的“国定本”国文教材仅仅作为孩子们的辅助性“副课本”。此外，他还创办农业学校，培养农业专门人才，推行新技术，引进新品种，为家乡的农业发展起了重要的推动作用。

在翻阅了王人驹先生的教育活动的有关历史资料后，傅国涌先生曾经感叹道："王人驹是一个有使命感的教育家，在那个时代里，许多地方都有这样的低调理想主义者，有着相似的主张。……这些低调理想主义者的思考和实践，无疑是一种真正可靠的社会建设力。"

可是，在我们今天这个时代里，为什么这种"低调理想主义者"日渐稀少，真正"有使命感的教育家"也离我们愈来愈远了呢？相反，为什么诸如自诩为"也是一个'人物'了"的浅薄之徒，或将自己竭力包装成所谓"名流"或"教育改革家"名号的"伪教育家"们，却你方唱罢我登台，将一分成绩渲染成十分，且大有泛滥成灾之势呢？在他们的手里，我们的教育能变好吗？我们的"社会建设力"能可靠吗？……

对此，我表示怀疑。

是的，对比民国时期像王人驹那样的一大批低调的教育理想主义者，我必须坦率地说，我真的为我们今天被浓重的功利主义所遮蔽的教育界感到忧心忡忡。



## 拿什么续写校史

在网上偶然看到了一位在中学工作的朋友所写下的一则帖子，品味再三，心有所动。且看——

最近有机会浏览了我们学校的部分校史资料，以下几个片段让人感想颇多。

1. 在解放初期，学校就有话剧社、朗诵社等学生社团，工作计划上“学生社团建设”那醒目的一条让人感到震惊和汗颜。学生活动日志里有“化装舞会”。——看来，我们今天的学生社团建设并不是什么改革创新，只是教育传统的回归！

2. 在解放战争中某重大战役胜利之时，语文老师在课堂上与学生一起解读《中国人民解放军宣言》，英语老师与学生在课堂上尝试做宣言的汉译英工作，地理老师与学生一起结合战争形势分析战场的地理环境、交通状况、物产特色。——看来，让身边的政治经济生活走进课堂也不是我们今天这一代人的创新。不知道我们今天这种一切教学围绕着高考转，围绕着书本知识点转，远离现实生活的状况，究竟是从什么时候开始的？



3. 那时，学生主体作用的发挥也让人吃惊。解放初期，学校的伙食管理委员会有学生成员，其中一人出现贪污现象，被学生监督组织发现并予以纪律处分。学校指定性地推举某学生参加市学生代表大会，但班内同学认为该学生不符合评选标准，于是学生代表就连续数次去学校的学生工作处提出意见。——而如今，我们的学生在学校生活中可还有这种“主人”的位置？他们只是被管理的“小绵羊”了！

4. 学校管理的人文色彩让人感动。解放初期，党派驻学校的工作组要求学校进行学生阶级成分的情况统计，得到了校方这样的答复：“校方认为，这会引起学生情绪的波动，不利于学生在平等的心境下学习。”据此，学校最终没有那样做。这是一种怎样的教育良知和教育操守啊！这才是真正的教育家才拥有的胸怀和善意。——如今的教育，“阶级成分”的排名已经变成了“考试成绩”的排名，可我不知道还有没有教育工作者像过去那样坚定地认为“这会引起学生情绪的波动，不利于学生在平等的心境下学习”，而毅然地没有去做！教育是“大爱”，学生是平等的，不能因为他们的“阶级成分”不一样就不平等地对待他们，当然也不能因为他们的“考试成绩”不一样就不平等地对待他们。所以，对照这些教育前辈，我们今天应该有一种负罪感！

5. 到了20世纪80年代初，高考气氛日益浓厚，可让我感动的是，学校工作计划里出现了这样的句子：“如今在教学领域出现了这样的现象——一切围绕高考转，高考考什么就讲什么，高考不考的就越过不讲，甚至为了高考不顾教学大纲的要求，改变教学计划，占用自习课时间，占用音乐、体育、美术课时，提前结束课程。这都是违背党的教育方针，违背教育教学规律的做法，我们应该坚决抵制。”在教学总结里，我还看到了这样的争论：“高考临近，有老师提出应该集中精力抓那些高考胜出有希望的学生，并划定了班里有希望的学生名单。学校认为，这种为了一小部分学生的利益，放弃大多数学生的做法是错误的。我们坚持面向全体学生的教学战略。这年，高考的成绩说明，我们考上的学生，远远超过了当初被划定的那个小范围。”

6. 教师的素养令人赞叹。学校建校初的教师名单展示了老师们“北京大学”“辅仁大学”“燕京大学”的学历，学校连续十年的教学计划和总结应该出自一人手笔，蝇头小楷数十万字，无一处修改！想起我校某老教师每课板书刚好写满一黑板，每次下课铃响时刚好画上句号的传奇，应该不是杜撰。——对照这些教育先辈留下的手迹，我作为教育工作者，从心底里认为搞素质教育应该首先提升教师的素质。是的，我们比起先辈或许有了更开阔的视野，但要对比学识的积淀，尤其是认真的工作态度，不能不说已经发生了退化！

7. 学校环境对学生的影响深远。我们上面所述的学校文化氛围、教师群体的文化品格对学生潜移默化的影响是持久的，对一所学校校园精神的培育也是持久的。——直到今天，我在我所在的学校里，仍能感受到这种精神和文化氛围的传承！

这样的校史让我们必须思考：一所学校留给学生的应该是什么？留给后人的应该是什么？在应试教育下的很多学校留下来的只有一年年的升学率，这是一所育人的学校还是一家制造升学产品的加工厂？我们的老师只在给学生讲题，我们在学生的人生轨迹里充当的只是一个讲题的工具，而不是一只传承文明的火把。还记得《听妈妈讲那过去的事情》那首儿歌吗？一道道的习题，做不完的试卷，把一个个青少年生命的所有时间禁闭在教室中，"妈妈的故事"没有时间听了，"村头老爷爷的故事"也没有时间听了，家庭与社会教化的功能已完全退出了孩子们的生活，我们的孩子已不能给他们的后人"讲故事"了，他们已经变成只会做习题而没有任何故事的一代了……



所以，努力让教育本质回归，还有什么理由来拒绝吗？

我是学历史出身的，读史是我的一个爱好。而这位教育同人能够把历史读得这般深刻、犀利，让我深感自愧弗如。钦佩之余，我也不禁感慨万千：其实，我们的每一所学校都有自己的一部"校史"——不论是有形的，还是无形的，而我们今天所做的一切，无非都是在续写着这部"史"（学校的、个人的）而已。那么，在当下所谓的教育从业者中，究竟有多少人在每日的辛苦劳作之余，自觉地意识到这一点了呢？

可是，当我的许多在中小学教学一线担任教师的朋友愈来愈感到这份差事的累、苦、倦、烦，而鲜有职业的幸福感时，当我把这种状况向我的几位做校长的朋友委婉谈起的时候，孰料他们似乎对此的怨气乃至委屈更甚："你知道吗？我这做校长的，一年只休息了五天啊！……"我只好哑然。可是，当我们在诸如"抓高考都要给我抓出血来"的喧嚣声中普遍感到疲惫不堪的时候，当那些闪耀着灵性光彩的艺术、体育、综合实践活动等课程被某些学校从课表上一个一个悄然剔除的时候……我不知这"累"的背后究竟有多少是可以与上面所展示的过去的学校里那样相提并论的。换句话来说，我们的"累"真的都是有必要和有价值的吗？

在我看来，这种"累"及由此换来的所谓"辉煌"，并不都是值得学校或我们个人炫耀的"伟大业绩"，恰恰相反，这是对"教育"二字的片面化扭曲！

所以，看来我们今天确实该静下心来翻一翻我们一路走来的教育史了——不论是一所学校的，还是我们个人的。也许，就在那早已被我们不屑一顾的前辈书写的已然落满了厚厚的灰尘的史册之中，不经意间就会发现我们已经在"无知者无畏"中走向了歧途的脚印，也会在不经意间找到我们早已在这个日益浮躁的时代中一不留神弄丢了的真正的教育之"魂"……



## 凭什么蔑视教育传统

### 01

今天，在一些人对我们过往的教育传统投以极度轻蔑的目光，甚至喊出诸如"我给传统课堂打零分"之类的论调时，我却在想：我们的传统课堂真的就如此不堪，如此一无是处吗？

其实，在我看来，"传统"像一柄"双刃剑"，其中虽的确有糟粕，但也蕴含着丰富的值得我们传承发扬的好东西。对于学校教育教学的“传统”而言，至少我们是不应当不加分析地一脚将其踩翻在地，甚至还不解气地再狠狠啐上一口唾沫的。

譬如，在“高效课堂”的鼓噪声中，有些人常常喜欢拿某乡村中学的“典型”课堂上让学生进行五花八门的“展示”环节来做例证，声称正是通过这样的“展示”活动，才使得农村的孩子也能落落大方地登台演讲，他们的口头表达能力不输给城市的孩子，云云。以此来论证其所鼓吹的所谓“高效课堂”是如何如何的“成功”。

我对他们所持的这个论证的“论据”并不以为然。一个所谓“高效”的课堂就是要让孩子们能说会道，消除不敢登台亮相的羞涩吗？我承认这也是课堂教学效果的一种体现，但是，若以此作为所谓“高效课堂”的辉煌战果而过度解读，恐怕就不那么能说服人了！



就以让孩子们敢于登台亮相并能说会道的培养而言，过去，在我们这个年龄段的人所经历的那些被某些人讥为“打零分”的传统课堂教学中，就常常有诸如课前三分钟演讲、三分钟时政见闻、三分钟故事、三分钟唱歌表演等小活动。每天学生轮流登台主讲，既活跃了课前气氛，促使孩子们精神饱满地投入课堂学习，同时，在这日复一日的参与过程中，孩子们落落大方的气质、语言表达能力等，也便不知不觉地慢慢形成了。试问：这些过去曾延续了许多年，并令一批批学生难以忘怀的课堂教学的好“传统”，今天还有多少学校、多少教师记得并继续坚持着呢？

事实上，**当我们试图把一个人各方面素质的培养任务都让课堂来承担的时候，课堂是不能承受其重的**。况且，从另一个角度来看，这种以课堂“炼”出了一批看上去能说会道的孩子而沾沾自喜的背后，所折射出来的难道不是这些学校的校园生活极度单调、乏味，学校课程过于单一的现实吗？

**如果一所学校变得什么都没有，剩下的只有单一的“课堂”，那么，请问：这样的学校生活，还能称作“生活”吗？……**

## 02

一谈到我们的教学传统，很多人往往会不假思索、人云亦云地认为，我们从古至今的教学传统不就是“死记硬背”四个字吗？然而，事实果真如此吗？

让我们不妨回到两千多年前，看一看当时的教学理念。

在孔子的教学思想中，其教学过程观可以归结为“学—思—习—行”四个阶段。其中，“思”是他格外看重的，他曾反复强调：“学而不思则罔，思而不学则殆。”这确实是永不过时的思想精华。受其启发，我曾在十几年前提出课堂应是“思维场”的观点。我认为，若是课堂中只有知识而无思考力的生长，那就根本不能被称作有效的课堂！

“因材施教”是孔子另一个很有名的教育主张。但是，很多人对孔子“因材施教”的思想往往只从教学方法的角度来解读，即对不同的学生施以不同的教法。这样的理解也许还是不够全面的。在这里，我们似乎还隐隐感受到了“因材设科”的课程含义。孔子晚年在追忆当年那些不离不弃地追随他颠簸奔走于各诸侯国游说的弟子时，曾很有感慨地这样总结道——

德行：颜渊，闵子骞，冉伯牛，仲弓。言语：宰我，子贡。政事：冉有，季路。文学：子游，子夏。①

① 出自《论语·先进》。

您瞧，孔子所感到欣慰的这种各有所长的育人结果，不就是我们今天正在大力倡导的“个性化教育”的肇始吗？

史学大师钱穆先生认为，“孔子一生在教，孔子之教主在学”。我觉得，这句评论实在是太精辟了！是啊，倘若翻一翻《论语》，我们便会发现：孔子一直是在身体力行其倡导的“启发式”教学思想的，他尤其强调弟子们要动脑多思考，而不是为他们包办一切。在我看来，这对那些不假思索便想当然地认为我们的教学传统必定就是学生“死记硬背”，以及教师在课堂上“专制”“垄断”等，甚至狂妄声称“我给传统课堂打零分”之类的“有色眼镜”们，不啻是一记棒喝！

## 03

现在，让我们不妨跨越古代，再来回眸一下民国时期的课堂吧。



我完全可以想象得到，只要一提起“课堂”二字，恐怕今天很多学校的同人还是习惯性地在封闭式的“教室”与“课堂”二者之间画上一个大大的等号。那么，民国时的教育前辈们是不是也都是这么简单化理解的呢？

譬如，著名学者刘文典先生当年在西南联大讲《文选》课时，不拘泥于在教室里上课的常规，而是别开生面地根据所讲内容的特点确定不同的授课场所。有一次，刘文典上了半小时的课便结束了上一讲的内容，学生以为接下来他要开讲新课了，不料他却宣布道：“今天提前下课，改在下星期三晚饭后七点半继续上课。”学生面面相觑，不明就里。原来，下个星期三是阴历的五月十五，刘文典先生是要选在那个有着诗意的月光的日子里，再来给大家讲解与之情景交融的名篇《月赋》。

周三，在那个如期而至的明月当空的清凉夜晚，学生早早地在校园一隅摆下了一圈座位。晚上七点半，刘文典准时端坐于学生中间，当着头顶的一轮皓月，向围坐在身边的学生娓娓开讲《月赋》。他那生动形象、精辟独到、丝丝入扣的深刻见解，与洒落一地的皎洁月光交相辉映，融为一体，以至于让听者沉醉其中，流连忘返……

无独有偶，我在美国西海岸的一所中学考察时，恰巧也遇见在校园草坪的一隅，一位教师正带领七八名学生在加州人引以为傲的明丽阳光和湛蓝的晴空之下，席地围坐成一圈，娓娓而谈。一打听，原来那位教师正在指导学生上诗歌课呢。为什么他们不在教室里上课而是选择在室外呢？那位教师向我解释说，在这蓝天白云之下、绿茵花丛之间谈诗歌，与枯坐在教室里机械说教相比，更容易将学生带入诗歌的美好意境，产生创作的灵感火花……

这是一种多么美好的教学意境和多么良苦的用心啊！

我认为，这种走出教室、融入自然的方式，其价值绝不仅仅是使学生对于所学知识内容有亲临其境的切身体验，从而大大加深其对所学知识的深入理解与真切体悟，事实上它已经远远超越了知识传授本身，为教学赋予了一种更为重要的内在的美的生命教育意蕴。

对于教育教学而言，这一点是至关重要的。

正如一位教育家所说的那样：**说到底，我们的教育其实就是要力图促使孩子们的人性向善，使他们懂得呵护和关爱生灵万物，亲近自然，拥有一种“面对一丛野菊花而怦然心动的情怀”，从而深刻领悟生命的意义**。而倘若我们只是让孩子们一成不变地枯坐在与大自然相隔离的封闭的教室内，日复一日地深陷于那些了无生气的书山题海之中而不能自拔，那么，你还能指望孩子们的心不会变得愈来愈冷漠、生硬、麻木，并最终成为空有一肚子僵死的知识，却再也难以对郁郁葱葱、生机勃发的大自然和生灵万物葆有明敏、细腻与惊喜的温暖情愫的高级“冷血动物”吗？

这，绝不是我们的学校教育所要看到的最终结果！

所以，我认为，刘文典先生当年在月下开讲《月赋》的教学创意的深意，是很值得我们今天细细体味的。

## 04

如今，中国正处在教育发展的转型期，“改革”成为一个最响亮也最重要的词汇，以至于不少人已经习惯于在谈论自己的“改革”是多么“伟大”，以及表明自己是一个多么坚定的“改革派”时，总是不忘捎带上这么一句：“我们坚决杜绝传统的……”



可是，殊不知，当他们此言一出之际，“传统”便已莞尔发笑了。

其实，我倒是很想问一问那些急于表明自己与“传统”坚决切割、势不两立的所谓新派的“改革家”们：对于我国的教育传统，我们究竟了解多少呢？譬如，我国古代传统的教育准则——“修身、齐家、治国、平天下”；譬如，我国最古老的教育典籍《学记》里所谆谆告诫的教学原则：“道而弗牵，强而弗抑，开而弗达……”再譬如，孔子倡导的“有教无类”的教育对象观，“因材施教”的育人观，“不愤不启，不悱不发”的启发式教学智慧，以及以“学而不思则罔，思而不学则殆”而著称的“学思结合，知行统一”的学习观……

当然，还有近现代以来那些灿若星辰的教育前辈烛照后人的教育思想和教育实践的脚印，譬如，蔡元培的“思想自由，兼容并包”办学理念和他担任校长时期的北京大学；陶行知的“生活教育”主张及其“教学做合一”的实践；梁漱溟的“平民教育”及其乡村改造实验；陈鹤琴的“活教育”探索；等等。

试问，对于这些博大精深、璀璨夺目的真正堪称伟大的先辈的教育思想和教育实践等累积而成的优良“传统”，今天我们有资格去蔑视、否定或恣意亵渎吗？在当下名目繁多的各种教学改革的所谓“创新”浪潮中，究竟有哪一个是凭空而生或是真的超越了前人传承至今的这些熠熠生辉的“传统”的呢？……

在一个以学生“主持”相互“兵教兵”为特征的课堂改革的学校典型经验研讨现场，一位被邀请前来点评的所谓“专家”，以毋庸置疑的语气斩钉截铁地宣称：这种让学生“主持”互学的课堂模式，中国从没见过，世界各国也都没有！

对此我感到讶然。这种论断是不是太过于自信和武断了呢？这种课堂教学方式真的是“中国从没见过，世界各国也都没有”吗？

事实上，早在20世纪30年代，教育家陶行知先生就已经在当时中国贫瘠的教育土壤上开始了他的以“小先生制”普及民众教育的改革探索，并为此专门写了这样一首诗——

有个学校真奇怪，小孩自动教小孩，
七十二行皆先生，先生不在学自在。①

再听听这位被我们今天某些号称要“办人民满意的教育”

① 陶行知，《生活教育》创刊号题诗（1934年2月16日），引自李勇军著，《再见，老杂志：细节中的民国记录》，北京工业大学出版社2010年版，第194页。

的人已逐渐淡忘了的真正的“人民教育家”早在80多年前便发出的堪称“前卫”的呼声吧——

小孩子最好的先生，不是我，也不是你，是小孩子队伍里最进步的小孩子！

我们现在最紧要的工作便是：

……

帮助进步的小孩子格外进步，由他们“联合自动”，领导全体小孩子及时代落伍的成人，一同进步！①

哦，原来上面提到的那个令某些“专家”如获至宝而不吝赞誉之辞的学生主持的课改“典型”，其实只不过是早在80多年前陶行知先生就已经大力倡导并致力推行的“小先生制”课堂模式在今天的一种再现，或者说是这所学校在无意中向民国时期兴起的“新教育”传统精神的一种致敬、一种传承、一种践行，或者说是一种发扬光大而已。如此，我们还能说它是一种“中国从没见过，世界各国也都没有”的伟大“创举”吗？它又在哪些地方超越了以陶行知先生等为代表的民国时期的教育探索先行者们在实践中所积累而成的宝贵的教育“新传统”呢？

所以，我觉得，在我们这些从事教育工作的人中间，那种一提“传统”二字便盲目排斥，甚至将其打入“另册”的行为，实际上是一种典型的无知的表现。

事实上，在我看来，今天还远不是到了我们可以蔑视、轻视，乃至敌视和唾弃前人不断积累、传承下来的教育传统的时



① 陶行知，《小先生与民众教育》（1934年12月1日），引自陶行知著，方明编，《陶行知教育名篇》，教育科学出版社2013年版，第164页。

日，而是需要我们满怀真诚的敬畏之心，问一问自己：我们对于先辈们传承下来的弥足珍贵的教育传统，究竟了解多少，懂得多少，明白多少，又把握了多少？

是的，有人早就告诫过我们，“无知者无畏”。而我也曾将它反转过来说：有知者才有畏。不是吗？**在许多时候，我们之所以在谈论教育教学改革时缺乏对“传统”精神应有的敬畏感，表现得“无所畏惧”，说穿了，其实这都是缘于我们对博大精深的教育传统的“无知”啊！**

所以，对于教育传统，还是葆有一份真诚的敬畏之心吧。**倘若我们对“传统”失去了应有的了解和敬畏，则我们轰轰烈烈进行的某些所谓学校教育教学的“改革”行动，就很有可能会走弯路，甚至会有可能演变成一场盲目的瞎折腾**。

我期盼，身处学校教育教学改革实践一线的各位同人们——包括某些被人们尊称为“专家”的人，不妨都能在忙碌之中稍稍放慢一下匆匆行走的脚步，抽出些时间来读一点教育经典，真正地领悟出那些被称作“传统”的东西里所蕴含的精神富矿。因为，在这个“乱花渐欲迷人眼”的浮躁的教育转型发展的特殊年代里，它可以让我们葆有一份高贵的理性——或者，至少可以让我们能够变得少一点无知，多一分清醒……



## 教育何以发生

此刻，虽然窗外依然寒气逼人，但又一个立春时令已悄然到来。在我即将暂时结束我的这一程关于对教育真谛的求索之旅时，我不禁又一次想起了那位与我们已然相隔两千余载的古代教育先哲——孔子。

两千多年前，孔子在与他的弟子们谈论人生理想时，曾对弟子曾皙（点）的观点大为赞赏，并由衷地感慨道："吾与点也！"（曾皙所讲的正是我心中所向往的啊！）那么，曾皙所讲的人生理想是什么呢？究竟又缘何而打动了孔子呢？且听——

莫春者，春服既成，冠者五六人，童子六七人，浴乎沂，风乎舞雩，咏而归。[1]

暮春时令，穿上已经做好的春装，与五六位朋友一起，带上六七个天真烂漫的孩童，在沂河里自由自在地嬉戏沐浴，在祭坛上尽情地让春风吹拂，然后一路唱着歌儿回家……这是多么令人陶醉的美好情景啊！难怪孔子要情不自禁地颔首赞赏，连连感叹这才是他所憧憬与向往的人生。其实，这种对人生的美好向往，又何尝不是作为教育家的孔子一生所孜孜以求的与水同流、与风同舞、与天地万物交融为一体的教育的至高境界呢？在我看来，这种"浴乎沂，风乎舞雩，咏而归"的场景，在某种程度上不也就是我们今天所希冀、所呼唤的"自由呼吸的教育"的理想景象之一吗？

网上曾流传一篇非常"火"的帖子，题目是《教育，只有在自由下才可能发生》。帖子的作者王开东是一位很有思想才华的新生代中学语文教师。在这篇文章中，他提出了一个颇具冲击力的观点：**"教育，绝不可能在恐惧中产生。"**他认为，在一个被人为地过分严密监管、操控的地方，根本不要指望会有创造的奇迹发生！相反，唯有在宽松、自由、身心和谐愉悦

① 出自《论语·先进》。

的情形下，人们身上所蕴藏的巨大潜能（尤其是创造力）才有可能会被充分激发出来，并发挥到最佳状态。他在文中这样阐述道："恐惧会让学生失去生命的安全感……这样制造出来的学生，他们的心灵，既不会完整，更不会幸福。最要命的是，久而久之，一种平和的、充满好奇心的教育禀赋逐渐沦丧了。世界一片黑暗。而真的教育必须是，你的心不再被恐惧占领……你必须敞开你所有的心灵和毛孔，直接和世界肌肤接触。"

由此，他最终得出了这样一个对我们极富于警示意义的结论：**教育，只有在自由之下才可能发生！**因为，"唯有自由的人，才有感悟的闲暇、创造的快乐。……这个时候，我们的灵感在飞扬，思维在穿越，微笑和友谊都在潜滋暗长。"

这个结论是多么深刻啊！

意大利杰出的儿童教育家蒙台梭利也曾谆谆告诫我们："我们并不认为，一个由于人为的约束而像哑巴一样安静、像瘫痪者一样不活动的人就是一个有纪律的人。其实，他是一个被扼杀了个性的人……"① "当今最严重的问题是儿童身上缺乏个性。……这种状况是由教育的管理方式所造成的，由学术上的奴隶制度所造成的。这种方式或制度的特点是压制意志力和性格力量。其补救措施只有解放人的发展。"②

是的，倘若一所学校里的学生一直被严格控制、束缚，处在高压与监管的恐惧之中，那么我们就根本不要指望他们会成长为充满创造的灵性与热诚的杰出人才。因为，在这样严酷、冰冷和强制的氛围之下，就意味着学生的生命自由被剥夺、思

---

① ［意］蒙台梭利，《蒙台梭利方法》第五章，引自单中惠等编译，《蒙台梭利幼儿教育著作精选》，华东师范大学出版社 2009 年版，第 13 页。

② ［意］蒙台梭利，《蒙台梭利方法》第二十一章，引自单中惠等编译，《蒙台梭利幼儿教育著作精选》，华东师范大学出版社 2009 年版，第 121 页。

想被禁锢，教育也就根本不可能会发生！而倘若教育不曾发生，又何谈人才的培育与生命的健康成长呢？

然而，让人感到忧虑的是，在当下那些依然受到为数不少的人们狂热追捧的所谓创造了高考神话的“名校”里，充斥着的常常是诸如“只要学不死，就往死里学”之类带有血腥之气的所谓“励志”的洗脑喧嚣，崇尚的是一种凶巴巴、恶狠狠的所谓“血狼精神”。更有甚者，2015 年 4 月，一则新闻报道在网络上不胫而走：某地以高考应试而闻名的某“名校”，半年内有两名高中生因为不堪沉重的升学压力而心理崩溃，相继跳楼自杀！让人无语的是，事件发生后，这所学校大约是为了防范再有学生跳楼事件的发生，干脆把教学楼每层的走廊、门窗等几乎所有的空间，都安装上了同监狱并无二样的铁栅栏，以此来对学生进行严防死守……

说实在的，如果不是我亲眼看见了网上发布的一张张该校教学楼里那布满了密闭、冰冷的铁栅栏，以及挂满了各种血红色的“励志”横幅标语的照片，我是无论如何也不会相信这条消息居然会是毫不夸大、真实发生的事实！震惊之余，我实在想不通：这究竟是牢狱、集中营还是学校？这难道还是正常的学校教育生活所具有的图景吗？更何况，据说这还是一所在当地名声大噪的所谓“名校”啊！

——“为什么我们的学校总是培养不出杰出人才？”

这些年，围绕着钱学森先生所提出的这个问题，教育界的许多人曾纷纷展开讨论，给出了多种多样的破解思路。譬如，《中国青年报》就发表过一篇介绍我国“两弹一星”元勋郭永怀先生的夫人、中国科学院大学著名教授、被人们尊称为“中科院最美的玫瑰”的百岁老人李佩先生的人物特稿，其中有这样一段文字——

有人回忆，在讨论“钱学森之问”求解的根本出路时，三个白发苍苍的老者并列而坐。北大资深教授陈耀松先生首先说了“要靠民主”四个字，紧接着，郑哲敏院士说：“要有自由。”随后，李佩先生不紧不慢地说“要能争论”。……①

是啊，可以说，这三位学养深厚的先生看似只有寥寥几个字的简洁回答，一下子便把问题的要害点透了。

可是，当我此刻反复端详着上面那所“名校”居然能想得出干脆用铁栅栏把学生牢牢禁锢起来的“聪明杰作”的照片时，我真的感到有些绝望了：如果我们的学校都是这样的一种办学思维和管理方式，那么，我们还能指望其培养出钱学森先生所期望的那种具有高度创造性的杰出人才吗？

孩子们在如此严苛、密闭的管理模式和永远也做不完的各种试卷习题的双重挤压之下，所剩下的唯有心灵的扭曲与沉重的喘息，至于孔子师徒所崇尚、向往的那种“浴乎沂，风乎舞雩，咏而归”的自由而美好的教育境界，则就只能成为一个可望而不可即的虚幻梦境。如此，在这样的学校里，所谓的教育生活也就失去了“生活”的本义，那些头脑里本该充满着无穷的奇思妙想的孩子也就失去了其应有的蓬勃朝气与灵动天性。

有人说，**教育的本质并非仅仅在于传递知识，而是在于传递生命的意义**。我对此深以为然。有鉴于此，我在想：如果我们的学校教育总是将学生禁锢于校园内、教室里、书本中，一切只是为了考试，一切只是服从于考试，既远离生活世界，更远离大自然，甚至就连痛痛快快地呼吸似乎都变成了一种奢

① 从玉华，《湍流卷不走的先生》，载 2016 年 1 月 13 日《中国青年报》第 12 版“冰点特稿”。

望，如此，我们又何谈教育所应当拥有的生命意义？我们又何谈教育所应当向孩子们不断传输的温润而自由的生命气息？我们又何以能培养孩子们拥有“面对一丛野菊花而怦然心动的情怀”？所以，当下的学校教育究竟该如何改造，究竟该向何处去，难道我们不该对此认真思量吗？

两千多年前，孔子和他的弟子即描绘出了“浴乎沂，风乎舞雩，咏而归”的自由、宽松、愉悦的人生与教育的美好图景，那么，两千多年后的今天，为什么为数不少的学校却依然还在推崇着与之完全相反的剥夺了孩子们自由自主的权利和泯灭其活泼天性的管理手段，不断扼制和消解着孩子们那原本天马行空般的丰富的想象力和奇妙绝伦的无穷的创造力呢？

早在20世纪40年代末，蒙台梭利女士就曾善意地提醒我们：“自由正是一切生物的首要法则。”① 由此，她认为，**教育者的首要责任就在于“唤醒生命，并任其自由发展”**②。她强调道：“我们必须清楚地认识到，当我们给予儿童自由和独立时，我们正在给予一个早已对活动迅速做好准备的创造者以自由，这个创造者不工作和不活动就无法生存。这与所有其他的生命形式一样，阻止它就会使儿童退化。”③显然，这实际上是再清楚不过地告诉我们：**一个人的创新潜能得以激发与彰显的前提，一定是他必须要拥有高度的自由与自主的空间**。那么，为什么我们的学校教育就不能为学生多样化的创新个性发展提供一个可以自由舒展的空间呢？我们究竟何时才能够真正发自



---

① ［意］蒙台梭利，《有吸收力的心理》第八章，引自单中惠等编译，《蒙台梭利幼儿教育著作精选》，华东师范大学出版社2009年版，第432页。

② ［意］蒙台梭利，《儿童的发现》第七章，引自单中惠等编译，《蒙台梭利幼儿教育著作精选》，华东师范大学出版社2009年版，第292页。

③ ［意］蒙台梭利，《有吸收力的心理》第八章，引自单中惠等编译，《蒙台梭利幼儿教育著作精选》，华东师范大学出版社2009年版，第433页。

内心地重视回归孔子所向往的那种“浴乎沂，风乎舞雩，咏而归”的自由而美好的人生与教育的理想至境呢？

我认为，无论是现在还是未来，我们都必须要用实际行动对此做出明确的回答。

那么，我们能做到吗？

# 后　记

这本小书中的文字，是我近十余年来在工作之余断断续续随手记录下来的个人对教育问题的思考。相对于过往自己发表、出版的那些勉强还算是有点儿所谓“学术味”的专业性论著，我个人更偏爱这些看似散漫无章，没有什么学术含量，却不乏真情实感的随性文字。我觉得，恰恰是这些注入了喜怒哀乐等感情温度的文字，才更真实地显露出我对“教育”这个词汇的钟爱与不舍，以及这些年来我对这个词汇所蕴含的内在真谛苦苦探求的心路历程。

教育是我的职业，我热爱自己所从事的这个职业。也许正是因为爱之切，所以我对现实中存在的某些偏离了教育本义的现象与问题，也便尤感痛之切。因此，在本书中，也就不乏那么一些看上去似乎不太留情面的尖锐、痛彻的直言。

我知道，即便是同样身处于教育圈的某些同人，恐怕也是不太愿意听这种逆耳的“刺痛”之言的。但我认为，如果我们没有对当下学校教育中存在的种种问题（尤其是浮躁功利化）的深刻批判，也就谈不上会有对自身问题的真正洞察与反省；而如果我们没有对自身问题的真诚反省，则也就根本不要指望能在我们的手里改变现实的教育世界里无法回避的种种浮躁与急功近利的短视病状。

《孔子家语·六本》有云：“良药苦于口而利于病，忠言逆于耳而利于行。”讳疾忌医，只会使我们的教育永远原地踏步，甚至不进而退；刮骨疗毒，才有可能使我们的教育摒弃功利，复归生命，重新回到全面育人的阳光正道。

我是多么期盼我们的学校教育能早日走出功利化的泥沼，返璞归真啊！

写到这里，我忽然想起了16世纪在德意志曾倡导了一场轰轰烈烈的宗教改革运动的那个叫作马丁·路德的著名牧师。1521年，时年38岁的他，在神圣罗马帝国皇帝暨德意志国王查理五世召开的对他的听审会上做最后陈述时，曾坦然自若地讲了这样一句很有名的话：

“**这就是我的立场，我只能站在这里**。”①

最后，衷心感谢凤凰出版传媒集团江苏凤凰教育出版社的抬爱，尤其要感谢北京凤凰师轩文化发展有限公司的郭德军先生和雷利军先生，如果没有他们给予我的充分信任与鼎力相助，也就不可能会促成本书的顺利面世。

谢谢大家。



齐　健

2017年立春时令，改定于泉城蜗居。

① 1521年，在查理五世召开的对马丁·路德的听审会上，马丁·路德在最后陈述时说道：“皇帝陛下和诸位王公阁下……除非能依据《圣经》的见证判定我的错误，或者根据显而易见的论据，依照《圣经》判定我有罪，而我的良心能坚信这判定合乎上帝的真道，否则我不能也不会收回我的主张。因为违背良心，既不平安，也不正当。我不能那样做。这就是我的立场，我只能站在这里。愿神助我，阿门。”（最后一句，亦有人译作：“这就是我的立场，我别无选择。”）